FRISSONS
et chair de poule

by Joseph F. Conroy

AMSCO

AMSCO SCHOOL PUBLICATIONS, INC.
315 Hudson Street, New York, N.Y. 10013

Dédicace

A Janet, Emilie et Catherine. C'est pour attirer ces deux dernières à la langue française que j'ai eu l'idée de créer ces petites histoires.

Je dédie aussi cette œuvre à mes élèves et à mes étudiants américains qui m'ont tant appris.

Cover and text design by A Good Thing, Inc.
Illustrations by Edward Malsberg.
Composition by A Good Thing, Inc.

Please visit our Web site at: *www. amscopub.com*

When ordering this book, please specify *either* **R 322 P** *or FRISSONS et chair de poule*

ISBN 1-56765-329-4
NYC Item 56765-329-3

Printed in the United States of America
1 2 3 4 5 6 7 8 9 10   11 10 09 08 07 06 05

Preface

*M*onsters lurking in the subway, strange insects from outer space, vampires, werewolves, time travel, weird characters: these and other surprises await the unsuspecting reader in the following stories. These original tales reflect the popular kinds of fantasy fiction which many young Americans enjoy, but do not often find in textbooks. Despite the fun in store for the student, this *is* a textbook. It has serious purposes: to assist students in becoming more comfortable and more competent in reading and understanding French ; to provide them with opportunities to communicate their own ideas in French ; and to help them build a more substantial vocabulary.

FRISSONS is a reader intended for students who have completed a basic course in French. The six stories in this book have been broken down into short reading sections to facilitate understanding. Each section is preceded by a *PETIT VOCABULAIRE* which introduces students to unfamiliar French words (indicated by ° in the text) defined in French. A few marginal glosses alongside the reading allow for easier understanding of this text. After each reading section, *COMPRÉHENSION* exercises offer readers a chance to test their understanding by answering questions about the text, finding synonyms, antonyms and examples for various vocabulary items, and *COMMUNICATION* exercises allow them to express their own opinions about the story and about topics related to the story. At the end of the book there is the French-English *GRAND VOCABU-LAIRE* which contains most of the French words in the text, including various forms of irregular verbs.

The sections called *Aventures à l'Internet*, after each story, are a new feature of the reader. These represent the results of many hours of browsing through French-language web sites and offer suggestions to help the students use the Internet as another resource in their study of French.

Beyond these purposes and objectives, this reader is offered in the hope that the student will come to appreciate the possibilities of reading stories in another language, discovering new worlds which their work in French will open for them.

Alors, bonne route et... bon courage !

Joseph F. Conroy

Table des Matières

Le scarabée   1

Le gorille d'anniversaire   16

Un samedi soir   35

Cousin Raoul   60

Traces de loup, traces d'homme   79

Le monstre dans le métro   100

Le grand vocabulaire   136

Le scarabée

Avant-propos

Tous les animaux fantastiques ne sont pas énormes. Notre première histoire présente une bête moins grande que les monstres du cinéma. Mais c'est une bête beaucoup plus effrayante, croyez-moi !

Le dictionnaire Larousse dit qu'il y a plus d'un million d'espèces d'insectes sur notre planète. Ces animaux habitent partout : dans les jungles, dans les forêts, dans les déserts et même dans les villes. Les insectes consomment très peu d'énergie, travaillent beaucoup et résistent à toutes les attaques de l'humanité°. Les scientifiques découvrent une nouvelle espèce° d'insecte presque tous les jours. Imaginez qu'un jour on découvre une espèce d'insecte pas comme les autres. Une espèce télécommandée à travers les années-lumière° ?

bête : beast

effrayante : frightening

ACTIVITÉS DE L'AVANT-PROPOS

Petit vocabulaire

l'humanité *(f.)*   - le monde des humains
une espèce   - une catégorie, surtout animale ou végétale
une année-lumière - la distance traversée par la lumière en un an : 9,461 x 10^{12} km (neuf *virgule* quatre cent soixante et un multiplié par dix à la puissance douze) ou 9 461 000 000 000 kilomètres

Compréhension

A. *Que savez-vous des insectes ?*

    1. Où est-ce qu'on trouve tous ces insectes ?
    2. Quels avantages ont les insectes ?
    3. Combien d'espèces d'insectes est-ce qu'il y a ?

Communication

B. *À votre tour de faire quelques recherches !*

    1. Recherchez les noms français de quelques insectes.
    2. Donnez des exemples d'appareils télécommandés.

I

Petit vocabulaire

une bestiole	- un petit animal, un insecte
les Arènes de Lutèce	- jardin public à Paris autour des ruines d'un théâtre romain
un vivarium	- une sorte de cage vitrée où on garde de petits animaux vivants
une fourmi	- insecte commun qui visite les pique-niques
les grandes vacances	- les vacances en été quand les écoles ferment pour deux mois.
de long en large	- d'un côté puis de l'autre back and forth

   Michèle a quinze ans. Elle a une passion pour les insectes. Elle collectionne ces bestioles°. Michèle habite
avec ses parents dans un appartement à Paris. L'appartement est près des Arènes de Lutèce°. La famille n'a ni
chien ni chat. Mais Michèle a ses insectes. Dans sa
chambre il y a dix petits vivariums°. Un des vivariums

est plein de fourmis° qui travaillent nuit et jour. Un autre　la fourmi *ant*
vivarium contient des scarabées, un autre des papillons.

Michèle attend avec impatience les grandes vacances°.
Elle va passer un mois à la campagne. A Paris, même aux
Arènes, les insectes ne sont pas très variés. Mais à la cam-
pagne, oh, là, là ! la variété des insectes est étonnante.
Michèle va ajouter à sa collection, c'est certain !

Aujourd'hui, Michèle est dans sa chambre avec son
amie Nicole. Les deux filles font des projets pour le
week-end. Nicole n'aime pas les insectes. Elle n'est pas
à l'aise dans cette chambre, près des vivariums.　　　à l'aise *comfortable*

— Il y a la boum de Jérôme samedi soir, tu sais, dit
　　Michèle à son amie.

— C'est vrai, mais je n'aime pas beaucoup les amis de
　　Jérôme, répond Nicole.

Elle regarde Michèle qui est près de la fenêtre. Un
mouvement près de la fenêtre juste derrière Michèle
attire son attention.　　　attire son attention
　　　　　　　　　　　　　　　　catches her eyes

— Bon, on va au cinéma alors ? demande Michèle.

— Michèle, regarde derrière toi. C'est quoi cet insecte à
　　ta fenêtre ?

Michèle regarde avec curiosité. Elle voit une sorte
de scarabée qui vole lentement de long en large° devant la fenêtre. C'est un gros insecte d'un noir brillant.

ACTIVITÉS DE LA PREMIÈRE PARTIE

Compréhension

A. *Quelques questions sur l'histoire.*
　　1. Quel âge a Michèle ?
　　2. Qu'est-ce que Michèle collectionne ?
　　3. Où est-ce que Michèle et sa famille habitent ?
　　4. Quels animaux est-ce que Michèle a dans sa chambre ?
　　5. Pourquoi est-ce que Michèle attend les grandes vacances
　　　　avec impatience ?
　　6. Qui est Nicole ? Pourquoi est-ce qu'elle cst avec Michèle ?
　　7. Qu'est-ce que Nicole pense des collections de Michèle ?

8. Pourquoi est-ce que Nicole ne veut pas aller à la boum de Jérôme ?
9. Qu'est-ce que Nicole voit à la fenêtre ?
10. Décrivez cet insecte.

B. *Jeu de vocabulaire : vous trouverez les réponses dans le texte.*
1. Cherchez le contraire de :
   (a) *avec patience*   (b) *elle n'aime pas*
2. Quel est le contraire de *en ville* ?

Communication

C. *Le monde des exemples.*
1. Donnez des exemples de collections.
2. Est-ce que vous avez une collection ? Que collectionnez-vous ? Sinon, est-ce que vous avez envie de collectionner quelque chose ?
3. Qu'aimez-vous faire le week-end ?

II

Petit vocabulaire

un confrère — un collègue (*colleague*)
un bourdonnement — bruit sourd et continu que font certains insectes.
un récipient — toute sorte de boîte, sac, bocal, bouteille, etc. (*receptacle*)

*P*endant ce temps, au centre d'opérations, un message arrive de l'unité JR-401 : PAS DE DIFFICULTÉ; AI TROUVÉ DEUX SPECIMENS. *Un message arrive de chaque unité toutes les trois minutes. Le Directeur de l'expédition est content. Ses explorateurs font des progrès. Ses confrères* *dans les autres centres ont le même succès. Les habitants de la planète ne font pas attention aux unités d'exploration.*

— Donne-moi mon filet ! dit Michèle.

— Où est-il ?

Michèle prend le filet elle-même. Elle ouvre lentement la fenêtre, et attrape l'insecte d'un seul coup. L'insecte fait un bourdonnement° continu, *KRIYI… KRIYI…* À côté de Michèle, Nicole tient une boîte en carton.

le filet *net*

bourdonnement : humming, buzz

— Ouf ! Il est lourd, ce scarabée ! dit Michèle.

Elle met l'insecte dans la boîte. Le bourdonnement est maintenant plus aigu et plus fort.

aïgu : sharpe

— Qu'est-ce qu'il fait, ce scarabée ? demande Nicole.

Elle voit que la boîte avec l'insecte bouge constamment.

constamment : continuing

— Je ne sais pas. Je ne vois rien ! Apporte-moi ce récipient° en plastique transparent, veux-tu ?

Le Directeur est à l'ordinateur qui contrôle le centre d'opérations. Il observe les progrès des unités d'exploration. Un message interrompt son travail. UNITÉ JR-401 EN DIFFICULTÉ. PRISONNIÈRE D'UN HABITANT. QUE FAIRE ? *Le Directeur appelle l'équipe de sécurité. On ne sait jamais. C'est peut-être un problème sérieux. Il envoie ce message à l'unité JR-401 :* EVADE-TOI VITE ET AVEC DISCRÉTION.

évade-toi *escape*

ACTIVITÉS DE LA DEUXIÈME PARTIE

Compréhension

A. *Brr ! Quel insecte bizarre ! Mais ces questions ne sont pas bizarres !*
1. Comment est-ce que Michèle attrape le scarabée ?
2. Quelle est la réaction du scarabée ?
3. Ce scarabée, comment est-il différent ?
4. Pourquoi est-ce que Michèle va mettre le scarabée dans un récipient en plastique ?

5. Est-ce que les unités d'exploration envoient souvent des messages au centre d'opérations ?
6. Comment est-ce que le Directeur dirige le centre d'opérations ?
7. Quel est le travail du centre d'opérations ?
8. Quel message étrange est-ce que l'unité *JR-401* envoie ?
9. Qui est-ce que le Directeur appelle ?
10. Quel message est-ce que le Directeur envoie à l'unité *JR-401* ?

B. *Jeu de vocabulaire.*

1. Cherchez le contraire et un synonyme de *content*.
2. Quel est le contraire de :
   (a) léger   (b) opaque   (c) fermer

Communication

C. *A vous de penser !*

1. Imaginez trois autres messages envoyés au Directeur.
2. Comment est-ce qu'on attrape des insectes ? Imaginez quelques moyens.

III

Petit Vocabulaire

tracer	- dessiner
fondre	- la neige *fond* quand il fait chaud; le contraire est *geler*
un bocal	- récipient en verre à large ouverture et à col très court
la loupe	- lentille de verre qui *grossit* les objets

*N*icole cherche la boîte en plastique; elle entend un *ZOT !*, puis elle entend crier Michèle.

— Nom d'un chien !

— Qu'est-ce qu'il y a ?

— Regarde !

Il y a maintenant un trou rond dans la boîte en carton. Et le scarabée est en train de sortir de la boîte par le trou. Michèle prend le filet et attrape à nouveau le scarabée.

à nouveau *again*
le filet : *net*

— Mettons cette bestiole dans le récipient en plastique ! dit Michèle.

bestiole *bug*

Avec un *BOUM !* sourd, le scarabée tombe au fond du récipient. Il reste un moment sans bouger. Son bourdonnement s'arrête aussi.

sourd *heavy and low (noise)*

bouger : *moving*

— Regarde un peu cette boîte ! dit Michèle.

Pour sortir, le scarabée a fait un trou parfaitement rond dans le carton !

a fait *has made*

trou : *hole*

— Ce n'est pas normal, tu crois, Michèle ?

— Je ne crois pas, non.

Bientôt le bourdonnement recommence. Le scarabée cogne contre le bord du récipient. Deux antennes rouges sont maintenant visibles sur la tête de l'insecte. Une lumière violette apparaît et trace° un cercle sur le côté du récipient. Le plastique commence à fondre° ! Un trou rond apparaît. Le scarabée sort lentement du récipient.

cogner *to strike*

apparaît : *appear (emerge)*

— Vite, Nicole ! Le scarabée va s'évader encore une fois !
  Donne-moi le bocal qui est sur mon bureau.

Le bocal est en verre. Son couvercle est en métal. Michèle attrape le scarabée dans le filet. *BOUM !* L'insecte tombe au fond du bocal.

couvercle : *lid*

—UNITÉ JR-401 ! RÉPONDEZ ! *Le Directeur envoie un autre message. Il reçoit vite une réponse : l'unité en difficulté n'est pas encore en liberté. Le Directeur attend un*

bon quart d'heure. *L'équipe de sécurité est prête. Mais le Directeur n'aime pas les interventions précipitées.*

   Michèle prend sa loupe°. Elle examine le scarabée de près.

de près *closely*

— Hum, dit Michèle. Ça, c'est bien étrange.

— Quoi, Michèle ? Qu'est-ce qu'il y a ?

— Les yeux de ce scarabée ne sont pas composés comme les yeux des autres scarabées. Ils ressemblent à la lentille d'un appareil-photo ou d'une (caméra) caméra. Et ces antennes rouges sont vraiment bizarres.

la lentille *lens*

— Tu viens de découvrir une nouvelle espèce de scarabée, Michèle ! dit Nicole, heureuse pour son amie.

   «Une bien nouvelle espèce», pense Michèle. Mais est-ce vraiment un scarabée ?

   Elle commence à avoir des doutes.

doutes : *doubts*

ACTIVITÉS DE LA TROISIÈME PARTIE

Compréhension

A. *Il n'est pas facile de garder ce scarabée ! Est-il facile de répondre à ces questions ? Oui, bien sûr !*

   1. Comment est-ce que le scarabée sort de la boîte en carton ?
   2. Comment est le trou dans la boîte ? Est-ce que c'est normal ?
   3. Où est-ce que Michèle met le scarabée ?
   4. De quelle couleur sont les antennes de l'insecte ?
   5. Qu'est-ce qui apparaît sur le côté du récipient en plastique ?
   6. Où est-ce que Michèle met le scarabée ensuite ?
   7. Pendant combien de temps est-ce que le Directeur attend ?
   8. Comment est-ce que Michèle examine l'insecte ?
   9. Comment sont les yeux du scarabée ?
   10. Quelle est la réaction de Nicole ?
   11. Et quelle est la réaction de Michèle ?

B. *Jeu de vocabulaire. Les réponses sont dans le texte.*
   1. Cherchez des synonymes pour :
      (a) *ordinaire*   (b) *contente*
      (c) *commencer encore une fois*
   2. Et quel est le contraire de :
      (a) *étrange*   (b) *en prison*   (c) *de loin*   (d) *être certain*

C. *Est-ce que c'est VRAI ou est-ce que c'est FAUX ? Et si c'est faux, d'après l'histoire, faites la correction !*
   1. Le bocal est en carton.
   2. La boîte est en verre.
   3. Le trou est parfaitement rectangulaire.
   4. Le scarabée montre deux antennes oranges.
   5. Les insectes ont les yeux composés.

D. *Dans le filet ! Un jeu.* Vous allez attraper des insectes dans un filet. Choisissez un mot de la troisième partie. Cherchez un adversaire. Écrivez un tiret pour chaque lettre de votre mot. L'adversaire va deviner une lettre. S'il a raison, remplissez le tiret. S'il a tort, mettez un insecte dans le filet. Vous gagnez avec tous les insectes dans le filet. Votre adversaire gagne avec toutes les lettres correctes. Et voilà des insectes pour le jeu :

une fourmi	une sauterelle	une cigale
une coccinelle	une mouche	une abeille
une termite	un papillon	un cafard
un grillon		

Communication

E. *C'est votre tour de parler !*
   1. Faites une liste de *récipients*. Qu'est-ce qu'on met dedans ? Donnez des exemples.
   2. Faites une liste de choses qui *fondent*.
   3. Quelles sont les parties du corps des insectes ? Illustrez votre réponse avec un dessin et écrivez les noms.
   4. Imaginez que vous êtes le scarabée. Que faites-vous maintenant ?
   5. Imaginez la suite de l'histoire.

IV

Petit Vocabulaire

bourdonner	- faire un bourdonnement
une centaine	- à peu près cent; plus ou moins cent
lourdement	- lentement et avec difficulté ≠ *légère : lightly*
un millier	- à peu près mille
méthodique	- bien organisé *organized*

Michèle n'a pas le temps de faire d'autres observations. Le scarabée commence à bourdonner° et une partie du bocal devient très chaude.

bocal : jar

— Aïe ! dit Michèle. Ça brûle !

brûle : burnt

Elle met le bocal sur son bureau. Rien ne se passe. La lumière violette disparaît. L'insecte s'approche alors du côté du bocal. Une sorte de bras apparaît sous sa tête. Ce bras touche le verre du bocal. Il y a un grincement perçant. Le bras trace un cercle dans le verre du bocal. Un morceau de verre rond tombe sur le bureau avec un bruit sec. Il y a maintenant un trou rond dans le bocal. Le scarabée sort vite du bocal et commence à voler lourdement° dans l'air.

rien ne se passe nothing's happening

le grincement grating
perçant piercing

bruit sec : pop, smack

UNITÉ JR-401 EN LIBERTÉ ! *Le message interrompt le Directeur. Il est en communication avec les autres centres sur la planète. L'exploration avance comme prévu. Il prépare un rapport pour les Dirigeants, ces scientifiques distants d'une centaine° d'années-lumière.*

prévu : planned

rapport : link

—TANT MIEUX, *pense le Directeur, je n'aime pas la violence.*

tant mieux so much the better

— Ne fais pas de mal au scarabée ! crie Michèle.

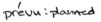

Nicole a un journal roulé en cylindre. Elle veut frapper l'insecte. Le scarabée vole autour de la pièce. Michèle court fermer la fenêtre, mais elle arrive trop tard ! Zigzaguant, l'insecte sort par la fenêtre.

roulé : rolled

L'appartement de Michèle est au troisième étage du bâtiment. Le scarabée monte dans le ciel. Il disparaît au-dessus du toit de la maison d'en face.

bâtiment : building

d'en face across the street

— Zut ! dit Michèle.

Elle regarde par la fenêtre.

— J'ai perdu un beau spécimen. Quel insecte bizarre !

— Bon débarras ! dit Nicole. Je n'aime pas les insectes.

bon débarras good riddance

— Quel insecte bizarre, répète Michèle lentement. C'est étrange… pas normal…

— Oh, laisse tomber, Michèle !

laisse tomber forget it

Les deux filles ne comprennent pas la véritable importance de ce scarabée mystérieux. Elles vont dans la cuisine chercher quelque chose à manger.

L'unité JR-401 vole au-dessus de Paris. Elle va directement vers le centre d'opérations.

voler : to fly

véritable : real, true

* * * * * *

Dans le parc Montsouris à Paris, il y a des arbres. Et près d'un certain arbre il y a un gros rocher. Tous les jours, les gens passent devant le rocher sans rien remarquer. Mais il y a un trou sous le rocher qui descend dans la terre. C'est un tunnel d'accès. Et au bout du tunnel, il y a le centre d'opérations. Là, des milliers° d'unités participent à un projet d'exploration méthodique° de la terre.

rocher : rock

tunnel d'accès access tunnel

Ce sont de petits appareils de reconnaissance envoyés à travers l'espace pour explorer d'autres planètes. Pour les dirigeants (extraterrestrial leader) extraterrestres, c'est beaucoup moins cher que de venir eux-mêmes.

appareils : device

eux-mêmes : themselves

Comme dit Michèle, quels insectes bizarres !

ACTIVITÉS DE LA QUATRIÈME PARTIE

Compréhension

A. *Faites attention aux insectes, surtout aux faux insectes !*
   Ces questions sont de vraies questions.

   1. Pourquoi est-ce que Michèle met le bocal sur son bureau ?
   2. Est-ce que la lumière violette fait un trou dans le bocal ?
   3. Qu'est-ce qui apparaît sous la tête du scarabée ?
   4. Comment est-ce que le scarabée vole ?
   5. Est-ce que le Directeur est content du message du scarabée ?
      Pourquoi ?
   6. Pourquoi est-ce que Nicole tient un journal roulé en
      cylindre ?
   7. Est-ce que Michèle rattrape l'insecte ?
   8. Est-ce que Michèle est triste de perdre l'insecte ? Et Nicole,
      que dit-elle ?
   9. Qui sont les Dirigeants ? Où habitent-ils ?
   10. Pourquoi est-ce que les unités sont sur la terre ?

B. *Voici des réponses. Quelles sont les questions ? Faites votre*
   choix parmi les questions qui suivent.

   1. *Il est très chaud.*
   2. *Un rond de verre.*
   3. *Pour les Dirigeants.*
   4. *Autour de la pièce.*
   5. *Par la fenêtre.*
   6. *Au troisième étage.*
   7. *Un gros rocher.*
   8. *Au bout du tunnel sous le rocher dans le parc.*

      a. Où est le centre d'opérations des extraterrestres ?
      b. Qu'est-ce qu'il y a près d'un arbre dans le parc
         Montsouris ?
      c. À quel étage est l'appartement de Michèle et de sa famille ?
      d. Pour qui est-ce que le Directeur prépare un rapport ?
      e. Où est-ce que l'insecte vole quand il sort du bocal ?
      f. Qu'est-ce qui tombe du bocal ?
      g. Comment est-ce que l'insecte sort de la chambre de
         Michèle ?
      h. Comment est le bocal ?

C. *Voilà des phrases à compléter. Choisissez vos réponses.*

    1. Quand il est en difficulté, le scarabée commence à _____.
       a) chanter   b) bourdonner   c) crier   d) pleurer

    2. Sous la tête du scarabée apparaît une sorte de _____.
       a) dessin   b) nez   c) jambe   d) bras

    3. L'exploration de la Terre avance _____.
       a) comme prévu   b) avec difficulté
       c) lentement   d) avec des bourdonnements

    4. Nicole veut frapper l'insecte d'un _____.
       a) filet   b) pied   c) journal   d) bocal

Communication

D. *Donnez des exemples d'objets faits en ces matières :*

    1. en verre   3. en plastique
    2. en carton   4. en métal

E. *A vous de parler !*

    1. Vous trouvez un insecte bizarre. Racontez cette aventure et décrivez cet insecte à haute voix ou dessinez-le.
    2. Décrivez le dirigeant extra-terrestre de la mission d'exploration; dessinez-le.
    3. Résumez l'histoire du scarabée.
    4. Imaginez un autre moyen d'explorer la terre par un appareil télécommandé. Quels avantages y a-t-il à un petit appareil ? A un grand appareil ?
    5. Pour parler de la distance d'une étoile, nous avons les années-lumière. Recherchez la distance de quelques étoiles et indiquez le nombre des années-lumière.
    6. Vous aimez les maths ? Alors, quelle est la distance–en kilomètres–d'une étoile à quatre années-lumière de la terre ? A dix années-lumière ? (Attention : la distance d'une année-lumière est $9,461 \times 10^{12}$ km.)

Aventures à l'Internet

Etes-vous branché(e) à l'Internet ? Avez-vous un ordinateur à la maison ou à l'école ? Voilà des adresses d'Internet intéressantes… , en français, bien sûr ! Pour commencer voici quelques mots de vocabulaire très utiles :

un moteur de recherche	*-search engine*
un navigateur	*-browser*
surfer	*-to surf (the Internet)*
un/une internaute	*-net surfer, Internet user*

Pour toutes vos recherches à l'Internet en français, voici deux sites essentiels :

http ://www.msn.fr	-MSN en français
http ://www.google.fr/	-Google en français

Depuis ces deux sites, vous avez le monde francophone devant vous ! Et pour l'histoire de l'étrange scarabée, nous suggérons les sites suivants :

1. *Tout sur les insectes*
   http ://www.insecte.org/

2. *La terre vue de l'espace—magnifique !*
   http://www.edres74.curarchamps.fr/colleges/corumcle/
   webcams/terre.htm

3. *À la recherche des extraterrestres*
   http ://setiathome.free.fr/information/links.html

✦ ✦ ✦

Bon ! Retournons à la terre ! L'histoire suivante n'a pas de monstres, ni d'extraterrestres. Mais il y a un gorille…

Le gorille d'anniversaire

I

Petit Vocabulaire

un anniversaire	- une célébration annuelle, surtout du jour de naissance de quelqu'un
un berger allemand	- gros chien de garde, souvent utilisé par la police
une race	- *chien* est une espèce; l'espèce est divisée en races
un teckel	- un petit chien long comme une saucisse

Salut ! Je m'appelle Jean-Pierre. Aujourd'hui, c'est mon anniversaire° . J'ai treize ans. Et pour mon anniversaire je désire un chien. Un chien de n'importe quelle race°.

J'habite à Toulon avec Maman et Papa. Nous habitons un appartement en face du port. Et parce que nous habitons un appartement, Maman dit qu'un chien est impossible.

— Tu as déjà trois petites bêtes horribles, Jean-Pierre ! dit Maman comme je demande un chien pour la centième fois.

C'est vrai. J'ai deux souris et un cochon d'Inde. Mais les souris et les cochons d'Inde, ce n'est pas un chien !

— Et puis, Jean-Pierre, c'est que nous habitons un appartement et…, répète encore une fois Papa.

Ça, ce n'est pas vrai. Mon ami Claude a un chien, un gros berger° allemand, et lui aussi il habite un appartement. La vérité, c'est que Papa n'aime pas les chiens.

Et c'est que les chiens font mal à la tête à ma pauvre Maman. Moi, j'adore les chiens : les petits, les gros, les longs, les ronds—tous les chiens, enfin quoi !

Toute la famille va venir cet après-midi pour fêter mon anniversaire. Et tout le monde va apporter des cadeaux. Et un des cadeaux, c'est peut-être un chien. On ne sait jamais !

Quand je parle au téléphone avec ma tante Hélène, ou avec ma tante Louise-Gilberte, ou avec mon oncle Gérard, je dis toujours que je désire un chien. Mais en réponse, eux, ils rient et disent : «Peut-être, peut-être !»

Je demande à Papa de me donner un chien, un chien brun ou blanc, vieux ou jeune, ou même un tout petit teckel. Aujourd'hui, Papa dit qu'il a une belle surprise pour moi, un cadeau extraordinaire !

Je lui demande si c'est un chien. Mais Papa me dit d'aller aider Maman à mettre le couvert dans la salle à manger. Papa m'envoie toujours à Maman quand il ne veut pas répondre.

Dans la salle à manger, Maman est occupée à préparer la table pour la famille.

— Est-ce que c'est un chien que Papa m'offre comme cadeau d'anniversaire ? je demande à ma mère.

Mais Maman ne dit rien. Elle déteste mes souris et mon cochon d'Inde. Elle déteste aussi les chats. Maman ne va pas aimer un chien non plus. Si mon cadeau-surprise est un chien, elle va être très fâchée contre Papa !

font mal à la tête *give a headache*

enfin quoi! *in short!*

rient : to laugh

peut-être *maybe*

mettre le couvert *set the table*

fâché *angry*

ACTIVITÉS DE LA PREMIÈRE PARTIE

Compréhension

A. *Voilà quelques questions pour vous !*
   1. Quel âge a Jean-Pierre ?
   2. Pourquoi est-ce qu'aujourd'hui est un jour spécial pour Jean-Pierre ?
   3. Quel cadeau est-ce que Jean-Pierre désire ?

4. Quels animaux est-ce que Jean-Pierre a déjà ?
5. Pourquoi est-ce que ses parents refusent de lui acheter un chien ?
6. Qui est Claude ? Qu'est-ce qu'il a ?
7. Qu'est-ce que Jean-Pierre pense des chiens ?
8. À qui est-ce que Jean-Pierre dit qu'il désire un chien ?
9. Où est-ce que son père envoie Jean-Pierre quand il ne veut pas répondre à une question ?
10. Imaginez la réaction de la mère de Jean-Pierre si son mari offre un chien à son fils.

B. *VRAI ou FAUX ? Si c'est faux, corrigez la phrase !*

1. Jean-Pierre désire un chat pour son anniversaire.
2. Jean-Pierre et son chien habitent un appartement en face du port.
3. La mère de Jean-Pierre adore les animaux.
4. Toute la famille de Jean-Pierre va venir pour fêter son anniversaire.
5. La mère de Jean-Pierre s'appelle Louise-Gilberte.
6. Un teckel est une sorte de chat.

C. *Cherchez un synonyme. Les réponses sont dans le texte.*

1. j'aime   2. elle n'aime pas   3. mécontent(e)

Communication

D. *Le monde des exemples*

1. Un anniversaire est une célébration annuelle. Cherchez quelques exemples d'anniversaires.
2. Donnez quelques exemples de races de chien. Et de races de chat ?
3. Il y a de bonnes surprises… et de mauvaises ! Décrivez une bonne surprise et une mauvaise surprise.
4. Jean-Pierre aide sa mère à mettre le couvert. Alors, qu'est-ce qu'il met sur la table ? C'est quoi, le couvert ?

E. *A vous de parler !*

1. Quelle est la date de votre anniversaire ? Est-ce qu'il y a une fête, une boum ? Qui est-ce que vous invitez ?
2. Imaginez des cadeaux d'anniversaire magnifiques. Et de mauvais cadeaux.

II

Petit Vocabulaire

une fête	- une célébration
zut (rats!)	- une exclamation qui marque l'ennui
je souris faiblement (smile)	- je souris avec difficulté
dedans	- à l'intérieur
débile dumb	- faible, stupide, pas *cool*

On sonne ! C'est l'heure de la fête° ! Je vais ouvrir la porte. Ce sont ma tante Hélène et mon oncle Marc. Et ils apportent un grand cadeau !

Puis, on sonne encore. Voilà ma tante Louise-Gilberte et mon oncle Gérard. Et aussi mes cousins Georges et Henri. Bon, un cadeau de ma tante et de mon oncle, deux petits cadeaux de mes cousins, plus le grand cadeau : ça fait déjà quatre cadeaux.

— Ah, bonjour ! dit Maman. Elle sort de la cuisine.
— Venez à table, tout le monde.

Eux, ils vont tous dans la salle à manger et ils s'asseyent à la grande table. Moi, je reste dans la salle de séjour, le *living*, comme dit l'oncle Gérard. C'est la coutume dans notre famille. Toute la famille prépare la table, puis ils m'appellent.

(asseoir)
asseyent : to sit
le living *living room*
coutume : custom

— Jean-Pierre ! crie Maman. Viens voir !

Je cours dans la salle à manger. Sur la table il y a un gros gâteau d'anniversaire. Je dis, —Oh ! Le gâteau est énorme !

Il y a aussi tous les cadeaux. Ils sont sur la petite table. Mais un chien ne va pas sur la table. Où est-il donc ? Je regarde par terre, sous la table. Non, il n'est pas là. Je commence à regarder sous les chaises.

par terre on the floor

— Qu'est-ce que tu fais là, Jean-Pierre ? demande Papa.

Ah ! C'est vrai ! Le chien va être dans la cuisine ! Je cours dans la cuisine, mais il n'y a pas de chien là-bas non plus ! Zut° !

là-bas : over there

— Ouvre tes cadeaux, Jean-Pierre, dit Maman comme je rentre dans la salle à manger.

Tout le monde applaudit. Alors, je commence à ouvrir mes cadeaux. Le premier, c'est un… dictionnaire français-anglais ! Puis, il y a une chemise très laide, rouge et bleue. Et après, un stylo. Avec le stylo, il y a un cahier quadrillé.

laide°: ugly
cahier quadrillé : graph paper

— C'est pour tes compositions à l'école, dit tante Hélène.

Le dernier cadeau, c'est une cravate avec de gros oiseaux. Je souris faiblement° à ma famille.

— Et voilà notre cadeau, Jean-Pierre, dit Maman. Elle me donne une boîte.

raquette: racket

C'est une raquette de tennis. C'est chouette, mais ce n'est pas un chien. Quels cadeaux idiots !

chouette great

— Ah, que je suis bête ! dit Papa. Tu as encore un cadeau. Il est dans notre chambre.

bête silly

Sans hésiter, je cours à la chambre de mes parents. Là-bas, il y a une boîte grande comme le sac à dos que je porte à l'école. S'il y a un chien dedans° , il n'est pas très grand.

Papa est derrière moi. Il apporte la boîte dans la salle à manger.

derrière : behind

— Ouvre ton cadeau devant tout le monde, Jean-Pierre, dit Maman.

Je prends un couteau, coupe le ruban, déchire le papier d'emballage, et ouvre la boîte. Et voilà… un

coupe : cut
ruban : ribbon
déchire : rip
papier d'emballage : wrapping paper

appareil-photo. Un appareil-photo ? Pourquoi ? Où est mon chien ?

appareil-photo
camera

— Prends une photo de nous, Jean-Pierre, dit mon oncle Gérard.

Peuh ! Je vais prendre des photos à l'intérieur du frigo ! Je vais prendre des photos sous mon lit ! Quel cadeau imbécile ! Ils sont vraiment débiles°, mes parents !

imbécile : *idiot*

Alors, j'ouvre la bouche pour dire des choses désagréables. Et à ce moment, on sonne encore. Maman va ouvrir.

Ah ! C'est mon oncle Horace. Il est riche et un peu bizarre. Il m'apporte toujours des surprises.

— Mon petit Jean-Pierre, cher neveu, heureux anniversaire ! dit-il à la porte. L'oncle Horace n'entre pas.

— Merci, mon oncle.

— Moi aussi, j'ai un petit cadeau pour toi. Il est ici dans le couloir. Viens voir !

Et l'oncle Horace rit très fort. Tous les autres rient, eux aussi, parce que l'oncle Horace est très riche.

ACTIVITÉS DE LA DEUXIÈME PARTIE

Compréhension

A. *Quel anniversaire ! Nous n'avons pas de chien pour vous…*
   mais voici quelques questions !

   1. Quels membres de la famille arrivent les premiers ?
   2. Est-ce que Jean-Pierre compte le nombre de personnes qui arrivent ?
   3. Pourquoi est-ce que Jean-Pierre reste dans la salle de séjour quand les autres vont dans la salle à manger ?
   4. Quand Jean-Pierre va dans la salle à manger, qu'est-ce qu'il voit sur la table ?
   5. Où sont les cadeaux de Jean-Pierre ?

6. Est-ce que Jean-Pierre ouvre ses cadeaux toute de suite ?
7. Quels cadeaux est-ce que Jean-Pierre reçoit ?
8. Est-ce que Jean-Pierre est content de ses cadeaux ?
   Pourquoi ?
9. Quel est le cadeau-surprise que Jean-Pierre reçoit des ses parents ?
10. Quel membre de la famille arrive le dernier ? Qui est-il ?

B. *Voici encore des réponses. Imaginez quelle est la question ?*
1. Ils apportent un grand cadeau.
2. Ils vont dans la salle à manger.
3. Il regarde sous la table.
4. C'est un dictionnaire.
5. C'est un appareil-photo.
6. Ils sont débiles.
7. Il est riche et un peu bizarre.
8. Il est dans le couloir.

C. *VRAI ou FAUX ? Si c'est faux, corrigez la phrase !*
1. Louise-Gilberte et Gérard n'ont pas d'enfants.
2. Il y a une grande table dans la salle à manger.
3. Le gâteau d'anniversaire est petit.
4. Il y a un chien dans la cuisine.
5. Jean-Pierre adore ses cadeaux.
6. L'oncle Horace frappe à la porte.
7. L'oncle Horace n'entre pas dans l'appartement.
8. Le cadeau de l'oncle Horace est dans la chambre.

Communication

D. *Le monde des exemples*
1. Faites une liste des parents, tous les membres d'une famille :
   l'oncle, la tante, etc.
2. Quelles sont les différentes pièces d'un appartement, d'une maison ?
3. Jean-Pierre reçoit une raquette de tennis comme cadeau. Y a-t-il d'autres raquettes ?
4. Jean-Pierre n'est pas content de l'appareil-photo. Il va prendre des photos idiotes. Imaginez que vous êtes Jean-Pierre. Quelles photos idiotes allez-vous prendre ?

E. *Alors, que dites-vous ?*

1. Faites une liste de cinq ou six personnes que vous connaissez. Cherchez le cadeau parfait pour chaque personne.
2. Regardez encore une fois votre liste. Maintenant, cherchez le cadeau le plus inapproprié pour chaque personne.

III

Petit Vocabulaire

la vérité	- ce qui est vrai
la fin du mois	- les derniers jours du mois
tais-toi !	- silence ! ne parle pas !

Alors je vais dans le couloir pour trouver mon cadeau. Et je vois… UN GORILLE ! Oui, c'est la vérité°. Un petit gorille est assis dans le couloir. Je dis «petit», mais il est aussi grand que moi. Il est petit pour un gorille.

Hum ! Voilà un problème de politesse. Qu'est-ce qu'on dit à un gorille ? Est-ce qu'on donne la main à un gorille ?

Je dis : —Bonjour !

Le gorille ne répond pas.

— Entre chez nous, je dis. Il y a du gâteau.

Le gorille prend ma main comme un enfant et nous entrons ensemble.

L'oncle Gérard dit : —Argh ! et tombe sur le plancher. La tante Hélène court à la porte-fenêtre sur le balcon. Quant à Maman, elle court à la cuisine et ferme la porte. Mon oncle Marc et ma tante Louise-Gilberte sont debout derrière Papa. Papa, lui, il tient une grande cuillère pour se protéger.

(tirer)
tient : to draw forth, to pull

— Calmez-vous ! dit l'oncle Horace. Venez, rasseyez-vous à table. Jocko est très gentil, vous allez voir.

venez, rasseyez-vous *come back and sit down*

Alors, le gorille, l'oncle Horace et moi, nous nous asseyons à table.

— Jocko ? je demande à mon oncle.

— Oui, c'est ça, Jean-Pierre. Ce cher petit s'appelle Jocko. Il est très intelligent, et il aime tous les fruits.

Enfin, Papa retrouve sa voix. —Mais non, Horace, c'est impossible ! Un gorille dans un appartement ? C'est… c'est RIDICULE !

voix : voice

— Tu veux m'insulter, Michel ? demande l'oncle Horace à Papa.

Personne ne veut jamais insulter l'oncle Horace. Il est riche et il est vieux. Alors, Papa répond très vite :

— Mais non, voyons, Horace. Pas du tout ! Mais un gorille dans cet appartement…

— Un gorille va très bien avec tes meubles, Michel ! Et puis, tu sais que Jean-Pierre veut un chien. Et qu'est-ce que tu donnes à ton fils ? Un appareil-photo ? Ridicule !

les meubles *furniture*
veut *wants*

Je vois que Maman regarde l'oncle Horace de son poste à la cuisine. La tante Hélène est sur le balcon. L'oncle Horace me regarde.

— Tu vois, Jean-Pierre, je n'ai pas de chien. Mais j'ai un gorille très gentil. Vous allez très bien vous entendre !

vous entendre *get along*

— Ah, non ! crie Maman.

Maintenant, l'oncle Horace parle à Papa :

—Jean-Pierre va apprendre des tours à Jocko. Je reviens à la fin du mois°. Au revoir !

un tour *a trick*

Et voilà ! L'oncle Horace va à la porte et sort. Moi, je reste à table avec le gorille. Et l'oncle Gérard reste sur le plancher.

— Tu vas voir, Papa. Jocko va être très amusant. Je vais...

— Oh toi, tais-toi° ! Va dans ta chambre, Jean-Pierre, me dit Papa. Et emmène Jocko avec toi.

(emmener)
emmène : to take

ACTIVITÉS DE LA TROISIÈME PARTIE

Compréhension

A. *Jocko le gorille peut faire des tours, mais il ne peut pas répondre à ces questions ! Et vous ?*

   1. Quel est le cadeau de l'oncle Horace ?
   2. Comment est-ce que l'animal entre dans l'appartement ?
   3. Décrivez les réactions des membres de la famille.
   4. D'après l'oncle Horace, comment est Jocko ?
   5. Quelle est la première opinion du père de Jean-Pierre au sujet du gorille ?
   6. Et pourquoi est-ce que son père change d'opinion ?
   7. Qu'est-ce que Jean-Pierre va apprendre à Jocko ?
   8. Est-ce que l'oncle Horace va revenir ?

B. *Voilà des phrases à compléter. Vous avez plusieurs choix.*

   1. Le gorille est _____ que Jean-Pierre.
      a) plus grand   b) moins grand
      c) aussi grand   d) plus petit

   2. Le gorille prend la main de Jean-Pierre _____.
      a) comme un enfant   b) comme un monstre
      c) comme un vieux monsieur   d) comme un professeur

   3. Pour se protéger, le père de Jean-Pierre _____.
      a) saute par la fenêtre   b) tient une grande cuillère
      c) court à la cuisine   d) se place derrière sa femme

   4. Personne ne veut jamais insulter l'oncle Hector parce qu'il est _____.
      a) riche et vieux   b) dangereux
      c) de très mauvais caractère   d) riche et jeune

C. *Oh la la! Les phrases sont sur le plancher… et brouillées !*
Mettez chaque phrase en ordre. Vite ! On sonne à la porte !

1. de problème voilà politesse un
2. pas le répond ne gorille
3. des c'est plus bêtes le gentil
4. notre personne veut jamais oncle insulter ne
5. un rester il mois avec va toi pendant

Communication

D. *Les comparaisons*

1. Faites deux phrases avec *aussi… que*. Par exemple : *Jocko est aussi intelligent que mon frère.*
2. Faites deux phrases avec *plus… que*. Par exemple : *Mon chat est plus beau que le chat de mon cousin.*
3. Et enfin, faites deux phrases avec *moins… que*. Par exemple : *Vous êtes moins beau que Jocko* !

E. *C'est votre tour !*

1. Vous aimez les gâteaux ? Donnez quelques exemples de gâteaux.
2. Quels fruits aimez-vous ?

F. *Un peu d'imagination ! Répondez à ces questions oralement ou par écrit.*

1. Qu'est-ce qui va arriver maintenant ? Imaginez la suite de l'histoire.
2. Un gorille arrive chez vous, que faites-vous ?

IV

Petit Vocabulaire

la semaine	- période des sept jours consécutifs du lundi au dimanche
doué(e)	- qui a du talent
la patte	- le pied d'un animal

*T*rois semaines plus tard...

Jocko et moi, nous sommes de bons amis maintenant. Il est très intelligent. Mais quand il entre dans la salle à manger, Maman court toujours à la cuisine. Pauvre Maman ! Elle a souvent mal à la tête.

Papa est plus brave. Il reste à table. Il regarde les tours de Jocko. Quelquefois, il donne une banane au gorille.

— Papa, je demande un jour, tu veux voir les nouveaux tours de Jocko ?

— Oui, répond mon père sans grand enthousiasme.

Papa ne parle pas beaucoup depuis l'arrivée de Jocko. Je fais signe à Jocko et il monte sur la table.

Je dis : —Assieds-toi !

Et Jocko prend une banane. Eh bien, personne n'est parfait !

Je dis : —Couche-toi, Jocko !

Et Jocko met la banane sur la tête de Papa.

— Jean-Pierre ! crie mon père. Ce gorille ne comprend rien !

— Si, Papa ! Il est très doué°. Va dans ton fauteuil, par exemple, et demande à Jocko de venir.

Papa va dans le coin de la salle de séjour où se trouve son fauteuil favori. Il s'assied.

— Viens ici, Jocko ! dit Papa.

Jocko saute de la table, court à toutes jambes vers le fauteuil et saute sur les genoux de Papa. Il reste là, content, les bras autour de la tête de mon pauvre père.

saute : to jump

à toutes jambes : as fast as possible

— Reviens ici ! je dis vite.

Jocko revient et monte de nouveau sur la table. Papa revient aussi dans la salle à manger. Je demande à Jocko de me donner la patte° . Il offre sa patte gentiment. Maintenant, c'est au tour de Papa.

gentiment : gracefully

— Donne-moi la patte ! dit mon père à Jocko.

Et Jocko donne un pied à mon père. *In the case of* Chez les gorilles, les mains et les pieds sont les pattes. Il n'y a pas de différence !

— Est-ce que ton gorille sait vraiment faire des tours ? demande Papa, vexé.

vexé offended (fâché)

ACTIVITÉS DE LA QUATRIÈME PARTIE

Compréhension

A. *Vous, vous savez très bien faire des tours, n'est-ce pas ?*
   Vous, par exemple, vous répondez très bien aux questions !

   1. Après trois semaines, est-ce que la mère de Jean-Pierre aime bien le gorille ?
   2. Comment est-ce que Jean-Pierre communique avec Jocko ?
   3. Est-ce que Jocko fait ses tours sans faute ?
   4. Quand le père de Jean-Pierre demande à Jocko de venir près de lui, qu'est-ce que le gorille fait ?
   5. Donne-moi la patte, dit Papa à Jocko. Qu'est-ce que Jocko fait ?
   6. Et que dit le père de Jean-Pierre ?

B. *VRAI ou FAUX ? Si c'est faux, corrigez la phrase!*

   1. Quand Jocko entre, Maman dit bonjour.
   2. Quelquefois, Papa donne une banane au gorille.
   3. La mère de Jean-Pierre a souvent mal à la tête.
   4. Jocko met une chaise sur la banane de Papa.
   5. Jocko met ses jambes autour de la tête du père de Jean-Pierre.
   6. Jocko donne gentiment la patte au père de Jean-Pierre.
   7. Papa est un peu vexé.

C. *Jeu de vocabulaire*

1. Si vous courez très très vite, nous disons que vous courez à toutes… ?
2. Quand vous n'aimez pas faire quelque chose, vous le faites sans…
3. Papa n'a pas peur de Jocko. Il est plus… que Maman.
4. Papa croit que Jocko se moque de lui. Il est…

Communication

D. *Le monde autour de vous.*

1. Quels meubles sont dans la salle de séjour ?
2. Et dans la salle à manger ?

E. *Ah ! Voilà une bonne idée. Vous êtes le copain/la copine de Jean-Pierre. Racontez l'histoire des tours à votre cousin.*

Voici quelques suggestions:

chats	frère	cadeau	tonneaux	intelligent
drôle	ami	chaise	bananes	tours
a	gorille	tours	patte	histoires

Tu connais mon __1__ Jean-Pierre, n'est-ce pas ? Alors, lui, il __2__ un petit __3__ brun. C'est un __4__ d'anniversaire. Et l'animal est très __5__. Oui, c'est vrai ! il sait faire des __6__. Il donne la __7__, il fait des __8__, il apporte des __9__ .Mais moi, tu sais, je préfère les __10__ .

F. *A vous de parler !*

1. Est-ce que vous avez un chien, un chimpanzé, un poisson, un oiseau, un chat ? Décrivez votre animal. (Si vous n'avez pas d'animal, imaginez !)
2. Quels tours est-ce que votre animal peut faire ? Et quels tours sont impossibles ? Dites-lui de faire des tours, cinq au moins; par exemple : Donne-moi la patte.

V

PETIT VOCABULAIRE

malheur !	- oh non ! hélas !
crier à tue-tête	- crier très fort
aussitôt	- immédiatement

*J*e veux que Jocko impressionne Papa. Alors je pense à un tour spectaculaire. Je dis à Jocko :

— Fais des tonneaux!

Et Jocko saute sur le plancher, se couche, et roule comme un tonneau. C'est très drôle, très amusant ! Je ris beaucoup. Papa ne rit pas.

le tonneau *barrel, rollover*
faire des tonneaux *to roll over*

Malheur ! Quand Jocko fait des tonneaux, il ne voit pas très bien où il va. Il roule vers la porte de la cuisine. A ce moment, Maman sort. Elle porte des assiettes dans les mains. Jocko roule contre les jambes de Maman. Avec un cri, Maman tombe sur le gorille ! Il y a des assiettes cassées partout.

cassé *broken*

Jocko tient Maman comme une banane et roule sur le plancher avec elle. Maman crie à tue-tête° ! Je commence à rire comme un fou. Mais Papa ne rit pas. Il me dit d'arrêter Jocko.

fou : crazy (m.)

— Jocko ! je crie. Monte sur une chaise !

Avec Maman toujours dans ses bras, Jocko monte sur une chaise. Il tient Maman en l'air au-dessus de sa tête.

— Jocko ! je crie encore. Demande une banane !

Jocko met Maman sous le bras gauche et demande une banane avec la main droite. Communiquer avec un gorille, ce n'est pas toujours facile.

gauche : left hand
droite : right hand

— Ça suffit ! dit Papa, tout rouge de colère. J'appelle la police !

colère : anger

Et il va au téléphone. Mais comme il parle à l'appareil, l'oncle Horace entre.

— Ah, bonjour, la petite famille ! dit-il. Bravo ! Je vois que vous vous amusez bien avec mon cher petit Jocko. Hé, Jocko, viens m'embrasser !

Et aussitôt° Jocko laisse tomber Maman par terre et   laisser tomber *to*
court à mon oncle Horace.   *drop*

— Vous voyez, dit l'oncle Horace à Maman et à Papa,
   un chien, ce n'est rien. Après Jocko, vous allez trouver un chien tout à fait facile à supporter.

Papa regarde l'oncle Horace d'un air fâché. Mais
mon oncle lui demande de raccrocher le téléphone.   raccrocher *to hang*
Papa raccroche. Il va aider Maman qui est toujours   *up*
sur le plancher.

— Bon ! Maintenant, discutons l'affaire comme des
   gens civilisés. Vous n'aimez pas mon gorille ?

— Non, pas du tout ! dit Papa.

Maman ne dit rien. Elle a l'air perplexe.
— Alors, qu'est-ce que vous préférez pour votre fils ? Un
   gorille ou un chien ?

— Oh, Papa ! je crie. Est-ce possible ? Un chien, un vrai
   chien ?

Jocko est un ami, mais c'est le gorille de mon oncle.
Et puis, un gorille, ce n'est pas un chien.
   Enfin, Papa est d'accord. Et l'oncle Horace donne de
l'argent à Papa pour m'acheter un chien tout de suite.

                          * * * * * *

Un mois plus tard . . .
   Aujourd'hui, je suis tout à fait content. Mon ami
Claude et son berger allemand, ce n'est rien. Moi, j'ai
un saint-bernard. Et comme il est gros !

ACTIVITÉS DE LA CINQUIÈME PARTIE

Compréhension

A. *C'est la fin de l'histoire, et voilà les dernières questions !*
   1. Pourquoi est-ce que Jean-Pierre pense à un tour
      spectaculaire ?
   2. Que fait Jocko sur le plancher ?

3. Quelle difficulté a Jocko quand il roule sur le plancher ?
4. Qu'est-ce que la mère de Jean-Pierre porte ?
5. Que fait Jocko avec la mère de Jean-Pierre ?
6. Comment est-ce que Maman crie ?
7. Que fait Jocko quand il monte sur une chaise ?
8. A qui est-ce que Papa téléphone ?
9. Qui est-ce qui arrive à ce moment ?
10. Quelle solution est-ce que l'oncle Horace propose à la famille ?
11. C'est un chien de quelle race que Maman et Papa donnent à Jean-Piere ?
12. Comment est ce chien ?

B. *Voici des questions à choix multiples. Amusez-vous bien !*

1. Pour impressionner son père, Jean-Pierre pense à ____ .
   a) un cadeau magnifique   b) un tour spectaculaire
   c) un dîner délicieux   d) un tour du monde

2. Quand Jocko roule comme un tonneau, le père de Jean-Pierre ____ .
   a) roule aussi   b) ne saute pas sur la table
   c) crie très fort   d) ne rit pas

3. La mère de Jean-Pierre porte ____ dans les mains.
   a) des assiettes   b) le gorille   c) Papa   d) des serviettes

4. Jocko roule sur le plancher ____ .
   a) avec les assiettes   b) avec les bananes
   c) avec la mère de Jean-Pierre   d) avec beaucoup de bruit

5. Le père de Jean-Pierre va au téléphone pour appeler ____ .
   a) un taxi   b) la police
   c) l'oncle Horace   d) la Société Protectrice des Animaux

6. Le père de Jean-Pierre regarde l'oncle Horace ____ .
   a) avec un large sourire   b) d'un air très fâché
   c) avec stupéfaction   d) la bouche ouverte

C. *Jeu de vocabulaire*
1. Trouvez un synonyme de *tolérer*.
2. Trouvez un synonyme de *drôle*.
3. À une fête ennuyeuse, vous vous ennuyez, mais à une fête spectaculaire *vous vous…*

Communication

D. *Vos opinions !*

1. Faites une liste des personnages de cette histoire. Ajoutez les détails donnés dans le texte. Que pensez-vous de chaque personnage.
2. Est-ce que vous êtes d'accord avec les actions de l'oncle Horace ? Pourquoi ?
3. Quelles difficultés est-ce qu'il y a maintenant chez Jean-Pierre avec le saint-bernard ?

E. *Au théâtre !*

Trouvez un acteur pour chaque personnage de l'histoire du gorille et jouez l'histoire comme une pièce de théâtre. Vous pouvez lire le texte, l'apprendre par cœur (*learn it by heart*) or use your own words.

Aventures à l'Internet

Sites suggérés:

1. *tout sur le gorille*
   http://darwin.cyberscol.qc.ca/Expo/Zoo/Fiches/gorille.html

2. *des images de gorilles*
   http://alphabetes.free.fr/fgorille.htm

3. *tout sur le chien*
   http://www.chien.com

✢ ✢ ✢

Nous allons tourner la page maintenant et passer des fêtes d'anniversaire à la science. Mais la science aussi a ses surprises. Et ses petits accidents !

Un samedi soir

I

Petit Vocabulaire

une maison «à un étage»	- terme canadien pour décrire une maison avec un étage au-dessus du rez-de-chaussée
chez les Desormes	- dans la maison de la famille Desormes
docteur ès sciences	- le plus haut grade universitaire en une matière scientifique (physique, chimie, etc.)
à toute vitesse	- aussi vite que possible
serrer la main	- prendre la main de quelqu'un pour dire bonjour
machine spatio-temporelle	- machine à remonter le temps qui permet de voyager à travers le temps et l'espace

Sainte-Foy est tout près de la ville de Québec au Canada. C'est un samedi soir vers la fin de juin. Il fait très beau. Il est six heures, mais le soleil est encore haut dans le ciel.

La famille Desormes habite une maison confortable, une maison «à un étage°» dans une rue de Sainte-Foy très agréable. Autour de la maison, il y a une pelouse, un gazon comme on dit au Québec.

Ce soir, chez° les Desormes, tout ne va pas très bien. Jeannette Desormes, seize ans, va sortir dans quelques minutes. Mais elle ne peut pas terminer sa toilette. Jeannette est de taille moyenne. Elle a les cheveux

une pelouse *a lawn*
tout ne va pas très bien *things are not quite right*

bruns et les yeux noisette. C'est une jolie jeune fille—
quand elle n'est pas en colère. Et ce soir elle est en
colère.

— Maman ! Il faut arrêter Papa, crie Jeannette.

Pour elle, toutes les actions de son père sont des
catastrophes.

— Pourquoi Jeannette ? Qu'est-ce qu'il fait ?

— Il fait une expérience dans la salle de bains !

— Là, là, Jeannette. Tu connais bien ton père. Il fait ses
   expériences de physique, répond sa mère, très
   calme. Et il ne faut pas déranger ton père quand il
   travaille, tu sais bien.

C'est vrai. Son père, c'est le célèbre Hippolyte Desormes. Monsieur le Professeur Desormes, docteur <u>ès</u>
<u>sciences</u>°.

— Mais Maman, j'ai seize ans ! proteste Jeannette. J'ai
   des amis. Jean-Claude vient me chercher à six
   heures et demie. Et regarde mes cheveux ! Je dois
   me coiffer.

— Alors, excuse-toi, entre dans la salle de bains, et reste
   près du lavabo. Ne <u>dérange</u> pas ton père.

— Ah non ! Pas dans la salle de bains ! Il y a cette horri-
   ble <u>mousse</u> orange dans la baignoire.   la baignoire *the
                                                                   bathtub*

— Oh, ça va, Jeannette. Calme-toi. Va dans ma cham-
   bre et coiffe-toi à ma table de toilette.   coiffe-toi *comb your
                                                                   hair*
— Merci, Maman, dit Jeannette. Elle monte l'escalier.   la table de toilette
                                                                  dressing table
La mère de Jeannette sourit. Habiter avec un
chercheur comme le professeur Desormes, ce n'est pas
toujours facile.

Quelques minutes après, on frappe à la porte. C'est
un *TOC TOC* assez timide. Le professeur Desormes a
la réputation d'être un peu bizarre. Très peu de jeunes
hommes viennent chercher Jeannette à la maison.

— C'est Jean-Claude sans doute ! crie Jeannette de la
   chambre de sa mère. Il arrive toujours en avance.
   Dis à Jean-Claude que je descends tout de suite,

(polite demand)

Maman, veux-tu ?

Madame Desormes ouvre la porte et demande à Jean-Claude d'entrer. Il s'assied sur le sofa et Madame Desormes s'assied en face de lui. Jean-Claude n'est pas à l'aise. Il a dix-sept ans, les cheveux blonds et les yeux bruns. Il est grand, mais un peu timide.

à l'aise *confortable*

Soudain, des cris terribles viennent de la salle de bains : *ARGH ! AH ! AHHHHHH !* C'est le professeur Desormes qui apparaît en haut de l'escalier. Il est couvert de mousse orange. Le père de Jeannette descend à toute vitesse° l'escalier et traverse la salle de séjour en courant.

en courant *running*

— Un peu de chance et je…

Le professeur Desormes voit tout à coup le jeune homme assis sur le sofa.

— Ah, bonsoir, jeune homme, dit-il. Je ne vous serre pas la main° , vous comprenez. Je suis couvert de… Bon ! Excusez-moi. Je dois mettre cette mousse dans son récipient. Et puis, il y a la machine spatio-tem-porelle° à vérifier. *(s.)*

Le professeur Desormes se parle à lui-même maintenant. Il sort de la salle de séjour et descend au sous-sol.

le sous-sol *basement*

— Il est très occupé, mon mari, dit calmement Madame Desormes. Il court toujours quelque part.

ACTIVITÉS DE LA PREMIÈRE PARTIE

Compréhension

A. *Vous avez bien compris ? Voilà quelques questions pour vous !*

1. Où se trouve la ville de Québec ? Au Canada, près Saint Laurent.
2. Où se trouve Sainte-Foy ? Québec.
3. L'histoire se passe en quel mois ? Juin.
4. Quel temps fait-il ? Quelle heure est-il ? Quelle est la date ? 6:00 pm.
5. Comment est la maison de la famille Desormes ? Un étage ; agréable.
6. Donnez des détails sur le père de Jeannette. Fait l'expériences dans la salle de bains

7. Où est-ce que le père de Jeannette travaille au commencement de l'histoire ? *La salle de bains.*
8. Qui est Jean-Claude ? *Un ami de Jeannette.*
9. Comment est-ce que le professeur Desormes descend l'escalier ? Pourquoi ? *Parce qu'il y a quelqu'un qui a frappé la porte.*
10. Pourquoi est-ce que le professeur descend au sous-sol ? *Un labo.*

B. *Jeu de vocabulaire.*

1. Si vous êtes fâché, c'est que vous êtes… ? *en colère*
2. Si vous n'êtes ni grand ni petit, c'est que vous êtes de… *taille moyenne*
3. Il y a un synonyme pour *finir* dans le texte. C'est quoi ? *terminer* Donnez aussi le contraire de *finir*. *commencer*

Communication

C. *Quelques listes !*

1. Faites une liste des jours de la semaine. Quel est le premier jour de la semaine pour les Français ?
2. Quels sont vos mois préférés ? Pourquoi ? Quel est le mois de votre anniversaire ?
3. De quelle couleur sont vos cheveux ? Et vos yeux ? Quelles couleurs aimez-vous mieux ?

D. *C'est votre tour !*

1. Décrivez Jeannette d'après les détails mentionnés dans le texte. Faites la même chose pour Jean-Claude.
2. Comment voyez-vous Madame Desormes ? Faites sa description.
3. Avec un partenaire, imaginez une conversation entre Jeannette et Jean-Claude à l'école. L'un des deux invite l'autre au cinéma et l'autre hésite.
4. Avec un partenaire, imaginez une conversation entre Jean-Claude et des camarades de classe au sujet du père de Jeannette.

II

Petit Vocabulaire

frisé comme un mouton	- avec des boucles épaisses comme un mouton
la barbe-à-papa	- confiserie faite de filaments de sucre autour d'un bâtonnet
la mode	- ce qui est chic, populaire pour les vêtements, les coiffures, etc.
siffler	- faire un bruit comme un serpent
malodorant(e)	- qui sent mauvais

*J*ean-Claude reste assis, un sourire poli aux lèvres. Il aime bien Jeannette, c'est vrai, mais sa famille est un peu étrange.

Jeannette descend dix minutes plus tard. Elle a les cheveux frisés comme un mouton°... ou comme de la barbe-à-papa°. Elle a aussi des taches rouges sur les joues et du bleu sur le nez. Jeannette est évidemment mécontente de sa toilette.

— Maman ! Est-ce que Papa fait des expériences sur les miroirs aussi ? Regarde-moi ! J'ai l'air d'un clown !

Jean-Claude commence à rire.

— C'est quoi, ta coiffure, Jeannette ? Une charge électrique ? Tu as mis le doigt dans une prise de courant ?

prise de courant *electric outlet*

Et Jean-Claude continue à rire. Comme beaucoup de jeunes hommes, il ne comprend pas le danger de plaisanter au mauvais moment.

plaisanter *to joke*

— Allez, debout, Jean-Claude, répond Jeannette d'une voix très froide. Il est temps de sortir. Et tu ne connais rien à la coiffure. Ton idée de la mode°, c'est de mettre un pantalon plus ou moins propre et un tee-shirt. Et pour la coiffure, tu te passes les doigts dans les cheveux, et voilà, tu es prêt à sortir. Donc, tu ne connais certainement rien à la coiffure.

Jean-Claude est intelligent. Il préfère ne pas répondre. Il regarde fixement ses baskets.

— Ah, oui, c'est vrai, dit Madame Desormes, qui ne fait
pas attention à la conversation entre Jeannette et
Jean-Claude. «Ton père travaille avec des miroirs.
Une expérience sur la lumière, je crois.»

Au même moment, toute la maison tremble. Les
radiateurs sifflent° et une fumée jaune et malodorante°
remplit la maison. La maison tremble encore une fois ;
puis c'est le silence.

trembler *to shake*
le radiateur *radiator*
siffler *to hiss*

— Eh bien, vous deux, dit Madame Desormes avec un
petit sourire, amusez-vous bien au cinéma. Je vais
voir ce que fait ton père.

— Allons, dit Jean-Claude, anxieux. Il prend le bras de
Jeannette et dirige la jeune fille vers la porte.

Jean-Claude ouvre la porte. Jeannette sort. Elle fait
un pas dehors, s'arrête et rentre tout de suite. Jean-
Claude est derrière elle.

— Qu'est-ce qu'il y a, Jeannette ? Tu as oublié quelque
chose ?

— Jean-Claude, je crois que nous n'allons pas au
cinéma ce soir, répond Jeannette d'une voix tremblante. Regarde.

Dehors, tout est différent. La pelouse a disparu. Une
immense forêt d'arbres géants et de fougères gigantesques entoure la maison. C'est une jungle tropicale.
Il fait très chaud et très humide. Une odeur épicée est
dans l'air. Des insectes aussi gros que des pigeons vo-
lent partout.

la fougère *fern*

ACTIVITÉS DE LA DEUXIÈME PARTIE

Compréhension

A. *Ne dites rien de la coiffure de Jeannette ! Répondez plutôt à
ces questions !*

   1. Qu'est-ce que Jean-Claude pense de Jeannette ? Et de la
      famille de Jeannette ?
   2. Comment sont les cheveux de Jeannette ?

3. Quelle est la réaction de Jean-Claude quand il voit les cheveux de Jeannette ?
4. Quelle est la réaction de Jeannette à cc que dit Jean-Claude ?
5. Que fait Jean-Claude alors ?
6. Quelle expérience est-ce que le professeur Desormes fait sur les miroirs ?
7. Qu'est-ce qui arrive soudain ?
8. Quel bruit est-ce qu'il y a ?
9. Qu'est-ce que Jeannette voit derrière la porte ?
10. Comment sont les plantes ? Les insectes ?
11. Qu'est-ce que Jeannette comprend ?

B. *Jeu de vocabulaire*
1. Le tee-shirt n'est pas *sale*, il est...
2. Si ce n'est pas *dans la maison*, c'est peut-être...
3. Le contraire de *semblable* est...

Communication

C. *A vous de parler !*
1. Vous insultez quelqu'un par accident ! Qu'est-ce que vous dites après ?
2. Un/une ami(e) a les cheveux tout à fait bizarres. Qu'est-ce que vous dites ? Un(e) autre étudiant(e) joue le rôle de l'ami(e) et vous avez une conversation à deux.
3. La maison tremble. Imaginez pourquoi ?
4. C'est le matin. Vous regardez par la fenêtre de votre chambre et vous voyez... un monde complètement différent. Décrivez ce monde.

III

Petit Vocabulaire

environ	- à peu près
exactement	- précisément
plutôt	- de préférence
sûr(e)	- certain(e)
la charge	- la quantité d'électricité

— *M*ais qu'est-ce qui arrive, Jeannette ? demande
  Jean-Claude. Où sommes-nous exactement° ? Nous
  ne sommes plus au Québec, ça, c'est évident.

C'est le professeur Desormes, arrivé lui aussi à la
porte, qui répond.

— Il faut demander plutôt° QUAND sommes-nous, je
  crois, jeune homme.

Il sort de la maison et fait quelques pas entre les
fougères.

— Nous ne sommes plus au vingt-et-unième siècle, c'est
  sûr°, dit le scientifique.

Et le père de Jeannette rit de plaisir.

— Papa ! Je sors ce soir avec Jean-Claude. Nous allons
  au cinéma pour voir *Le Monde perdu*. Tu n'as pas le
  droit de… de… de faire ce que tu viens de faire !

Jeannette commence à pleurer. Un peu maladroit,
Jean-Claude essaie de calmer Jeannette. Il met le bras
autour de son épaule.

— Voyons, Jeannette, dit Madame Desormes qui reste à
  la porte. Ton père vient de faire quelque chose de
  très important. Il ne faut pas faire toute une scène !

Puis, elle regarde son mari. —Tu viens de faire quoi,
exactement, chéri ?

— Eh bien, je suis au sous-sol pour vérifier la charge°
  de la batterie spatio-temporelle. Par erreur, je mets la   une erreur *a mistake*
  machine en marche, je crois. Tremblements, fumée,
  et puis, voilà ! Quelle grande surprise, n'est-ce pas ?

— Où… non, quand sommes-nous précisément, Papa ?
demande Jeannette.   Et pouvons-nous arriver au
Multicinéma vers sept heures et quart ?

Il est évident que Jeannette ne croit pas à la scène
devant ses yeux. Elle pense toujours à ses projets pour
le samedi soir.

— Bon, voyons, Jeannette, commence lentement son
père, je ne peux pas dire à cent pour cent, mais
quand je regarde ces arbres-là et ces fougères, j'ai
tendance à croire que nous sommes quelque part
vers la fin de l'ère Jurassique.

Ah oui, bien sûr, pense Jean-Claude. Il y a tant de
filles à l'école, et moi, je sors avec celle qui m'embar-
que au parc Jurassique !

A ce moment, un reptile énorme sort de la forêt. Il
s'arrête à une centaine de mètres de la maison. C'est
un reptile bipède, jaune et vert. En haut de son
museau il y a une grosse corne pointue. L'animal fait   le museau *snout*
des mouvements rapides, il est très agile pour sa taille.
Il a l'air affamé.   affamé *starved*

— Ça alors ! s'exclame le professeur Desormes. C'est un
dinosaure !

— Ils ne marchent pas lourdement comme les
éléphants, alors ? demande Jean-Claude, curieux en
dépit du danger.

Le dinosaure fait un bond en avant, un peu comme
un oiseau gigantesque. Il s'approche de la maison. Ses
deux pattes antérieures sont courtes avec des griffes   la griffe *claw*
pointues. La bête mesure environ huit mètres de haut.
Sa queue est épaisse et courte. D'un œil vert vif, l'animal regarde les quatre Québécois. Puis il regarde ces
«animaux» étranges de l'autre œil en tournant la tête.
Il répète ce mouvement plusieurs fois. Le dinosaure
fait un autre bond en avant, puis un bond en arrière.

— Ah, merveilleux ! exulte le professeur Desormes. Ça,
mes amis, ça, c'est un Cératosaure, *Ceratosaurus na-
sicornis*, pour préciser.

— Et c'est un dinosaure <u>inoffensif</u> ^{harmless} ? demande Jeannette.

— Mais non ! C'est un des grands carnivores de la fin   carnivore *meat-eater*
du Jurassique, un prédateur extraordinaire !

Le dinosaure pousse des *COUI COUI* comme un
oiseau. Il hésite. L'animal regarde toujours attentivement les Québécois. Tout à coup, un autre Cératosaure
arrive près du premier.

— Ah, oui, c'est vrai ! dit le professeur Desormes. Ils
font la chasse en bandes, ces Cératosaures.

Il prend son stylo pour écrire ce détail *(detaille)* dans son
cahier.

— Papa ! crie Jeannette. Comment peux-tu rester si
calme ? Si elles sont là, ces bêtes, c'est pour nous
manger !

ACTIVITÉS DE LA TROISIÈME PARTIE

Compréhension

A. *Vite ! Regardez par la fenêtre ! Est-ce que vous voyez un dinosaure ? Non ? Bon ! Regardez plus bas : il y a des questions !*

1. Jean-Claude pose une question avec *où*. Est-ce la bonne
question ?
2. Jeannette et Jean-Claude ont des plans : ils vont au cinéma
pour voir *Le Monde perdu*. Pourquoi est-ce que c'est drôle ?
3. Quelle est la réaction de Jeannette quand elle regarde
dehors? Pourquoi ?
4. Est-ce que Madame Desormes comprend ce qui arrive ?
5. Qu'est-ce que le professeur Desormes vient de faire ?
6. Quelle est la réaction du professeur à cette découverte ?
7. Pour Jeannette, quelle question est la plus importante ?
8. Dans quelle époque sont maintenant ces quatre Québécois ?
9. Quel animal arrive ? Comment est-il ?
10. Comment est-ce que cet animal marche ?
11. Le Cératosaure, est-il herbivore ?
12. Combien de Cératosaures est-ce qu'il y a près de la maison ?
Pourquoi ?

B. *Jeu de vocabulaire*

1. Cherchez le contraire : *J'arrête* la machine.
2. Décrivez le dinosaure : Il est *lent* et *lourd*? Non, il est _____.
3. Qu'est-ce qu'un *prédateur* cherche ?
4. La queue du lézard est très longue. La queue de l'éléphant n'est pas longue. Elle est _____.

C. *Le monde des exemples*

1. En quel siècle sommes-nous actuellement ? En quel siècle sont ces années : 1990, 1650, 1066, 672 ?
2. Cherchez quelques exemples d'animaux bipèdes. Et d'animaux quadrupèdes.
3. Est-ce que vous savez les noms de quelques dinosaures ?

D. *C'est votre tour de parler !*

1. Avez-vous un dinosaure préféré ?
2. Faites un dessin d'un dinosaure. Indiquez les différentes parties de son corps.
3. Racontez le voyage à travers le temps. À votre avis, que va-t-il arriver maintenant?

IV

Petit Vocabulaire

une dizaine	- à peu près dix
un herbivore	- animal qui mange des plantes
chez nous	- dans notre maison

Une ombre gigantesque tombe sur la maison. Jeannette et Jean-Claude regardent à droite : une grosse tête ronde comme une boule apparaît à une dizaine de mètres au-dessus de la maison.

— Qu'est-ce que c'est que ça ? demande Jean-Claude.

Il pousse Jeannette vers la porte de la maison.

Lentement, la masse gigantesque de l'animal apparaît devant la maison. Le professeur Desormes reconnaît la bête.

— Ça, jeune homme, c'est un Camarasaure, *Camarasaurus supremus*. C'est un des dinosaures les plus gros, un parent du Diplodocus.

— Et carnivore, lui aussi ? demande Jeannette.

— Non, le Camarasaure est herbivore°. Il n'est pas dangereux quand il n'est pas en colère. Mais regarde, celui-là est très en colère

celui-là *this one*

Le Camarasaure lève la tête et mugit furieusement. Les deux Cératosaures ne font plus attention aux petits humains. Ils regardent maintenant le nouveau monstre.

mugit (mugir) *to bellow*

— Ce Camarasaure est blessé, remarque le professeur Desormes. Je crois que notre arrivée interrompt la bataille.

blessé *wounded*

— Rentrons chez nous° maintenant, d'accord ? dit Jeannette d'une voix un peu tremblante.

— Nous sommes déjà chez nous, dit sa mère. Elle indique leur maison de sa main.

— Alors remettons notre maison chez nous au Québec. Revenons sur notre ère. Retournons à un samedi soir en juin, au vingt-et-unième siècle. Moi, je vais sortir par la porte et aller au cinéma avec Jean-Claude sans avoir à combattre toutes les bêtes du *Monde perdu* !

Le professeur Desormes regarde sa fille. Il est vraiment surpris qu'elle n'aime pas cette aventure. Il regarde alors sa femme.

— Je crois que notre Jeannette ne s'amuse pas, Maman, dit-il.

— Tu as raison, chéri. Rentrons chez nous.

— Et bien, d'accord. Je peux refaire cette expérience plus tard. Rentrons à notre ère.

— Merci, Papa ! dit Jeannette. Elle embrasse son père.

— Bon, dans la maison, tout le monde ! Et vous, jeune homme, fermez bien la porte. Moi, je descends au sous-sol pour mettre la machine en marche. Il faut faire marche arrière, si possible.

marche arrière *reverse*

Le professeur Desormes disparaît au mystérieux sous-sol. Dehors, un des Cératosaures saute sur le Camarasaure blessé. Il y a des cris et des mugissements. Jean-Claude ferme la porte. Puis, il engage le verrou de sûreté.

le verrou *bolt*

— Je ne crois pas que ce verrou aide beaucoup contre ces monstres, dit Jeannette.

— Jeannette, dit Jean-Claude. Que veut dire ton père quand il parle de faire «marche arrière, si possible» ? Est-ce qu'il sait bien ce qu'il fait ? Nous allons revenir sur notre temps, n'est-ce pas ?

— Il sait très bien ce qu'il fait, jeune homme, répond Madame Desormes. C'est que le père de Jeannette a tant de projets et tant d'idées ! Il oublie quelquefois quelques détails.

A ce moment, le professeur Desormes entre dans la salle de séjour. Il a l'air inquiet.

— Je me demande si nous avons emmené nos voisins avec nous au Jurassique, dit-il.

ACTIVITÉS DE LA QUATRIÈME PARTIE

Compréhension

A. *Ne faites pas attention au combat des dinosaures ! Répondez à ces questions. C'est plus amusant !*

   1. Qu'est-ce qui apparaît au-dessus de la maison ?
   2. Quel animal est-ce d'après le professeur Desormes ?
   3. Comment est cet animal ?

4. Où est-ce que Jeannette veut aller ?
5. Pourquoi est-ce que le professeur Desormes est surpris ?
6. Comment est-ce que les quatre Québécois vont revenir sur leur ère ?
7. Qu'est-ce qui trouble Jean-Claude ?
8. Qu'est-ce que le professeur Desormes veut savoir ?

B. *Ah, les actions ! Cherchez l'action qui manque… c'est un verbe. Les réponses sont dans le texte de la quatrième partie.*

1. Le dinosaure _____ comme un énorme lion.
2. Le carnivore _____ sur sa victime.
3. L'ombre du dinosaure _____ sur la maison.
4. Jean-Claude _____ Jeannette vers la porte de la maison.
5. Le professeur Desormes _____ quelquefois des détails.
6. Jeannette est contente. Elle _____ son père.
7. Jean-Claude _____ la porte.
8. L'arrivée des Québécois _____ la bataille des dinosaures.

C. *Cherchez des exemples pour chaque mot.*

1. un herbivore
2. un animal dangereux
3. un carnivore
4. une ère

Communication

D. *A vous de parler !*

1. Ne dessinez pas l'objet ! Dessinez son ombre.
2. Pour dire «à peu près dix» nous avons *une dizaine*. Trouvez d'autres nombres comme *une dizaine*.
3. Faites une liste des personnages de cette histoire. Ensuite, décrivez la réaction de chaque personnage au voyage à travers le temps.

V

Petit Vocabulaire

le dépanneur	- au Québec, l'épicier (*a variety/general store*)
effrayant	- qui fait peur
un walkman	- poste radiocassette portatif ; *forme officielle recommandée* : un baladeur
un avertisseur	- un appareil qui donne un signal en cas de danger

— **P**apa ! Qu'est-ce qu'il y a ? Qu'est-ce qui ne va pas ?

— Eh bien, si le dépanneur de la rue Laforge est arrivé avec nous, pas de problème. Je peux lui acheter des piles.

la pile *battery*

Le professeur Desormes regarde par la fenêtre. Il voit seulement la forêt tropicale.

— Ah, pas de chance. Je crois que nous sommes les seuls à venir ici.

— Pourquoi des piles ? demande Jean-Claude.

— Le transfert à travers le temps a usé les piles de la machine spatio-temporelle. Nous n'avons plus d'énergie.

— Quoi ? Vous dites que nous ne pouvons pas revenir sur notre époque parce vous n'avez pas de piles ? crie Jean-Claude. Mais ça, c'est tellement bête que…

Il oublie pour le moment à qui il parle.

— Jean-Claude ! C'est à mon père que tu parles.

— Excusez-moi, répond Jean-Claude, embarassé. Je suis un peu inquiet, c'est permis ? Quelque part dans le futur, ma voiture est stationnée par là, à côté de ce palmier. Mais, de mon temps, il y a un trottoir devant une maison et un jardin. Et de mon temps, il n'y a pas de monstres en plein combat mortel. Je me demande où se trouve maintenant ma voiture. C'est une bonne voiture, vous savez. J'aime bien cette voiture.

en plein *in the middle of*

Jeannette prend le bras de Jean-Claude.

— Oh, ne t'inquiète pas, Jean-Claude. Je sais que tout ceci n'est pas facile pour toi.

ne t'inquiète pas
don't worry

— Pour revenir à nos moutons, interrompt le professeur Desormes, j'ai besoin de quatre piles à neuf volts. Est-ce que tu as des piles dans ta chambre, Jeannette ? Dans ton poste de radio, ou dans ton walkman ?

à nos moutons
to the subject

— Je... je ne sais pas, Papa. Mes piles sont des triple-A, je crois. Attends, je vais regarder.

Jeannette monte l'escalier. Les murs de la maison tremblent. Un des dinosaures est tombé contre la maison ! On l'entend rugir. Jeannette redescend à toute vitesse.

— Je n'ai absolument pas de piles à neuf volts, dit-elle.

La maison tremble encore une fois, et on entend partout les bruits effrayants° des dinosaures.

— Alors, ce n'est pas grave si tu n'as pas de piles, Jeannette, répond son père.

— Je crois que Jeannette n'est pas contente parce qu'elle ne va pas au cinéma avec Jean-Claude, dit la mère de Jeannette.

— Et parce que je ne vais pas vivre le reste de ma vie au vingt-et-unième siècle ! dit Jeannette.

— Attendez ! Une minute ! dit Jean-Claude. Vous avez des avertisseurs, n'est-ce pas ? Euh... des détecteurs de fumée ?

— Oui, bien sûr, répond Madame Desormes. Dans la cuisine, et en haut de l'escalier. Et je crois qu'il y a aussi un détecteur dans l'escalier du sous-sol.

— C'est ça alors ! Formidable, jeune homme, dit le professeur Desormes.

Il se frappe le front de sa main. Ces appareils ont des piles à neuf volts.

— Oui, mais vous avez seulement trois détecteurs, dit
Jean-Claude, si Madame a raison.

— C'est vrai, oui, répond le professeur Desormes. Mais
attendez ! Peu importe ! Nous avons déjà trois piles.
Il y a du vinaigre à la cuisine… oui, ça va… puis
ce… bouton de porte—c'est fait de métal. Oui, ça va !   le bouton de porte
J'ai tout ce qu'il faut.   *door knob*

(handwritten above "Peu importe": doesn't matter)

ACTIVITÉS DE LA CINQUIÈME PARTIE

Compréhension

A. *VRAI ou FAUX? Lisez les phrases et corrigez-les si elles sont*
   fausses.
   1. Le dépanneur de la rue Laforge est arrivé au Jurassique lui
      aussi.
   2. Le professeur Desormes cherche des piles pour l'avertisseur.
   3. Les détecteurs de fumée ont des piles.
   4. Jean-Claude est content parce que le professeur Desormes
      n'a pas de piles.
   5. Tout le monde comprend l'idée du professeur Desormes
      quand il parle du vinaigre et du bouton de porte.
   6. Jean-Claude pense à sa voiture qui n'est pas arrivée au passé
      avec eux.
   7. Les dinosaures font des bruits effrayants.
   8. Jeannette veut rester dans le passé.
   9. Jean-Claude dit qu'il y a des piles au frigo.

B. *Complétez la phrase. Cherchez la réponse dans le texte.*
   1. _____ qui ne va pas?
   2. Le professeur Desormes _____ la fenêtre.
   3. Le transfert _____ a usé les piles.
   4. Le professeur Desormes a besoin de _____.
   5. Est-ce qu'il y a des piles _____ ?
   6. Les murs de la maison _____ à cause du combat des
      dinosaures.
   7. Il y a_____ détecteurs de fumée dans la maison.

C. *Cherchez des synonymes.*

    1. Où est *l'avertisseur* ?
    2. Il est *stupide* !
    3. Alors, *pour retourner au sujet…*
    4. Elle *monte au premier étage.*

Communication

D. *À vous de parler…*

    1. Faites une liste d'appareils à piles.
    2. Est-ce qu'il y a des détecteurs de fumée chez vous ? Où sont-ils ? Pourquoi ?
    3. Imaginez la fin de l'histoire.

VI

Petit Vocabulaire

une solution-éclair	- une réponse ultra-rapide à un problème
un pompier	- fait partie d'une organisation qui combat les incendies
vaut mieux	- est préférable

*J*eannette et Jean-Claude regardent le professeur Desormes. Il court à la porte du sous-sol, une bouteille de vinaigre sous le bras, les piles et le bouton de porte dans les mains.

— Asseyez-vous! crie le professeur Desormes du sous-sol. Le voyage de retour peut bien être turbulent !

Jean-Claude s'assied à côté de Jeannette. Il met le bras autour de la jeune fille. Madame Desormes, elle, est à genoux sous la grande table lourde de la salle à manger. Elle connaît bien les résultats des solutions-éclair° de son mari.

<small>à genoux *on her knees*</small>

Dehors, le combat des dinosaures continue de plus en plus fort. Des ombres gigantesques passent devant les fenêtres.

Soudain, la machine spatio-temporelle démarre.   démarrer *to start*
Encore une fois, la maison tremble. Encore une fois,
un sifflement intense frappe les oreilles. Et encore une
fois, une fumée jaune et malodorante remplit la mai-   malodorant *foul-*
son. Les mugissements des dinosaures disparaissent.   *smelling*
Et pour un petit moment, tout est calme. C'est le silence complet.

Puis, tout à coup, le bruit aigu de sirènes remplit la
maison. Ce sont les sirènes des voitures de police et les
klaxons des camions des pompiers°. Il y a aussi des
CRAC ! CRAC ! d'armes à feu, et puis un *BOUM* très
fort.

— Où diable sommes-nous maintenant ? s'écrie Jean-
   Claude.

— Je crois que nous sommes bien chez nous, dit le professeur Desormes. Il est déjà à la porte, prêt à l'ouvrir.

— Non, attendez ! crie Jean-Claude. Les habitants n'ont
   pas l'air très aimables !

Le professeur Desormes sourit et ouvre la porte.
Pour lui, la curiosité vaut mieux que la peur. Il voit
plusieurs voitures de la police nationale et un camion
de pompiers. Quelques policiers ont leur revolver à la
main, mais ils ne tirent plus. Une fumée noire remplit
la porte.

ACTIVITÉS DE LA SIXIÈME PARTIE

Compréhension

A. *Nous n'avons pas de machine spatio-temporelle, mais nous
   avons bien le temps de répondre à ces questions !*

   1. Quelles solutions est-ce que Madame Desormes n'aime pas ?
   2. Avant le voyage à travers le temps, où sont Jeannette et Jean-
      Claude ? Et madame Desormes ?
   3. Comment est le voyage de retour ?
   4. Pendant combien de temps est-ce que tout est calme ?
   5. Quel bruit interrompt le silence ?
   6. Quels autres bruits est-ce que les voyageurs entendent ?

7. Pourquoi est-ce que Jean-Claude ne veut pas ouvrir la porte ?
8. Pourquoi est-ce que le professeur Desormes ouvre la porte ?
9. Qu'est-ce que le professeur Desormes voit sur la pelouse et autour de la maison ?

B. *Ecrivez le contraire de chaque phrase en changeant les mots en italique.*

1. Tout le monde est *très agité*.
2. Cet animal est *lourd*.
3. Les tremblements sont *de plus en plus forts*.
4. Le dinosaure n'est pas *hostile*.

C. *Le monde des exemples*

1. Qu'est-ce qu'on met en bouteille ?
2. Quels animaux sont très lourds ?
3. Et quels animaux sont légers ?

Communication

D. *C'est votre tour !*

1. Expliquez ce que le professeur Desormes va faire avec le bouton de porte.
2. Racontez ce qui arrive pendant le voyage de retour de la famille Desormes.
3. Vous êtes un(e) voisin(e) de la famille Desormes. Téléphonez à la police et racontez ce que vous voyez quand la maison disparaît.

VII

Petit Vocabulaire

le fusil	- arme à feu portative, souvent avec un long canon
viser	- diriger une arme à feu vers un objectif
empreintes	- marques laissées dans la terre par des pattes ou des pieds
çà et là	- ici et là ; de long en large

*J*eannette et Jean-Claude viennent derrière le professeur Desormes pour voir ce qui se passe.

— Papa, pourquoi tous ces policiers ?

— Oui, et les pompiers aussi, dit Jean-Claude.

Trois policiers tiennent de gros fusils°. Ils visent° quelque chose d'invisible de l'autre côté de la maison. Puis, avec un air confus, ils baissent leur arme.

— Ohé, vous, dans la maison ! crie un policier de sa voiture. Tout va bien ? Vous n'avez pas de blessés ?

Le professeur Desormes fait un geste pour dire que tout va bien. Deux policiers courent à la porte.

— Qu'est-ce qui se passe ? demande Jeannette.

— Une explosion, paraît-il, Mademoiselle. Un voisin a téléphoné, puis ce monstre, vert et très excité, est arrivé.

— Un monstre vert ? demande le professeur Desormes, d'un air innocent. Mais je ne vois pas de monstre.

Le policier a l'air bien embarrassé. —Euh, c'est à dire que... euh...

Et l'autre policier dit :—Il a disparu, ce monstre.

— Il ressemble à un dragon, dit le premier policier. Regardez ! Voilà des preuves !

L'herbe de la pelouse à côté de la maison est toute déchirée. Il y a des empreintes° de pattes d'un animal gigantesque. Des empreintes de dinosaure qui sont d'une profondeur d'au moins vingt centimètres. Les pompiers luttent toujours çà et là contre des incendies.

— Ah, je comprends, dit le professeur Desormes à Jeannette et à Jean-Claude. Quand nous sommes partis pour… là-bas, nous avons changé de place avec un des Cératosaures. Il est allé dans notre ère. Mais, c'est fascinant !

Le professeur laisse alors les autres et regagne son laboratoire au sous-sol. Il a tellement de nouvelles données à considérer. Toute l'agitation autour de la maison n'intéresse plus ce grand savant.

les données *f data*

Jeannette regarde sa montre. Il est sept heures moins dix. Elle est fatiguée de tous ces voyages à travers le temps. C'est samedi soir, après tout !

— Est-il permis de sortir, Monsieur ? demande Jeannette au policier. Je crois qu'il n'y a plus de danger.

Le policier fait oui de la tête.

Alors Jeannette prend la main de Jean-Claude et ils sortent de la maison.

— Au revoir, Maman !

Jeannette et Jean-Claude passent entre les voitures de police. Ils voient la voiture de Jean-Claude, toujours stationnée devant la maison.

— Nous allons au cinéma, dit-elle au policier dans la voiture. Et nous ne voulons pas être en retard pour le film ! Nous allons voir *Le monde perdu* !

ACTIVITÉS DE LA SEPTIÈME PARTIE

Compréhension

A. *Oh, avant d'aller au cinéma, répondez à ces questions, s'il vous plaît. Merci.*

1. Qu'est-ce que les trois policiers font sur la pelouse ?
2. Pourquoi est-ce qu'ils baissent leur fusil ?
3. D'après le policier, qu'est-ce qui se passe ?
4. Où est le monstre vert ?
5. D'après le professeur Desormes, pourquoi est-ce que le dinosaure va à Sainte-Foy ?
6. Et pourquoi est-ce que ce dinosaure a disparu ?
7. Qu'est-ce qui n'intéresse plus le professeur Desormes ? Qu'est-ce qu'il fait alors ?
8. Quelle heure est-il ?
9. Où est-ce que Jean-Claude retrouve sa voiture ?
10. Où vont Jeannette et Jean-Claude ?

B. *Cherchez le contraire de chaque phrase.*

1. Le monstre est *invisible*.
2. Les policiers *lèvent* leur fusil.
3. Le dinosaure *a disparu* devant les yeux des policiers.
4. Cette histoire est *ennuyeuse*.

Communication

C. *Le monde des exemples*

1. On fait oui de la tête. Quels autres signes est-ce qu'on fait de la tête ?
2. De la main ?

D. *A vous de parler !*

1. Vous êtes agent de police et vous êtes dans la rue quand la maison de la famille Desormes revient. Décrivez la scène à la radio. N'oubliez pas le monstre qui disparaît !
2. Votre ami a une machine spatio-temporelle et vous faites un voyage à travers le temps. Où… allez-vous et… quand ? Pourquoi ?

3. Imaginez une autre machine fantastique. C'est quoi ? Et qu'est-ce que cette machine fait ?

4. Résumez toute l'histoire. Dites ce que vous pensez de cette histoire.

E. *Un peu de théâtre !*

Choisissez des acteurs pour tous les personnages de l'histoire et jouez toutes les scènes d'après vos souvenirs des différentes parties, en français, bien sûr.
N'oubliez pas les dinosaures !

Aventures à l'Internet

Sites suggérés :

1. *tout sur les dinosaures*
   http://www.lescale.net/dinos/monde.htm

2. *tout sur le Québec*
   http://www.quebecregion.com

✣ ✣ ✣

Cette famille ressemble à beaucoup de familles, n'est-ce pas ? Mais la famille suivante est un peu... euh... étrange.

Cousin Raoul

I

Petit Vocabulaire

franchement	- sans hésitation
hurler	- crier comme un loup, une bête sauvage
le coucher du soleil	- quand le soleil disparaît à l'ouest
le beau-frère	- le mari de la sœur
un louveteau	- jeune loup de moins d'un an (sa mère est *la louve*)

La famille Sanfroid habite à Paris. C'est une famille bien étrange. Les voisins disent que les Sanfroid ne sont pas des gens ordinaires.

— Je vous dis franchement° que c'est bizarre, dit Madame Lasourde, qui habite aussi la maison. On ne les voit jamais ! Ils restent dans l'appartement toute la journée. Et la nuit, ah alors ! Et où est ce grand chien qui hurle° toute la nuit ? Je ne vois jamais de chien ! Ah oui, c'est une drôle de famille !

Un jour, Madame Sanfroid reçoit une lettre de sa sœur en Allemagne. C'est à dire que le facteur dépose la lettre dans la boîte en bas le matin. Mais Madame Sanfroid voit la lettre seulement le soir après le coucher° du soleil. Voilà ce que Madame Sanfroid lit :

Chère Eustachie,

Tout le monde va très bien chez nous. Les soirs ici à la campagne sont beaux comme d'habitude. J'espère que ta famille va bien aussi. Léon, ton beau-frère°, court dans les bois maintenant. Ah ! Il hurle comme un louveteau° !

Pourquoi habites-tu dans la ville ? Il faut habiter
à la campagne. Il y a peu de voisins ici. A Paris, il y
a trop de gens curieux !

il faut one should

Mais, excuse-moi, Eustachie ! J'écris toujours
trop. Au fait, notre petit Raoul ne va pas très bien.
Il est un peu déprimé; il n'est pas satisfait. Il y a un
spécialiste à Paris qui offre des traitements aux
gens comme Raoul. Et puis, il rêve depuis
longtemps de rendre visite à sa famille parisienne.
Dis, est-ce que tu acceptes de recevoir ton petit
neveu chez toi pour quelques jours ?

déprimé depressed

Comme tu sais bien, il y a un petit problème
pour le voyage: Raoul préfère rester dans son
cercueil. Je sais qu'il y a des trains de nuit. Mais
Raoul a ses préférences. Est-ce qu'il est possible de
recevoir un cercueil en France sans trop de
paperasserie ? Nous ne voulons pas trop de questions, bien sûr ! Et je crois qu'avec l'Union Eu-
ropéenne on traverse plus facilement les frontières,
n'est-ce pas ?

le cercueil casket

*la paperasserie
meaningless paper
work*

Bon ! Dis à ton cher Hugo et à ma nièce Antoinette et à mon neveu Gaston que j'envoie de
grosses bises à tout le monde... et aussi des
cadeaux-surprises avec Raoul. Alors, ma sœur, je te
laisse.

*de grosses bises lots
of kisses*

Affectueusement.

Anastasie.

ACTIVITÉS DE LA PREMIÈRE PARTIE

Compréhension

A. *Non, il n'y a pas de magicien pour vous aider ! Il faut
répondre à ces questions.*

1. Les voisins disent que la famille Sanfroid est étrange.
   Pourquoi ?
2. Est-ce que les Sanfroid ont un chien ?
3. Qui est Anastasie ?
4. Où habite la sœur de Madame Sanfroid ?

5. Qui est Léon ?
6. D'après Anastasie, est-ce mieux d'habiter à Paris ou à la campagne ?
7. Qui est Raoul ?
8. Pourquoi est-ce que Raoul veut venir à Paris ?
9. Raoul a un problème pour son voyage en France : lequel ?
10. Pourquoi est-ce qu'Anastasie pense qu'on traverse plus facilement les frontières aujourd'hui ?
11. Quels sont les membres de la famille Sanfroid à Paris ?

B. *VRAI ou FAUX? Si c'est faux, corrigez la phrase !*
1. La famille Sanfroid ressemble aux autres familles de Paris.
2. Pendant la journée, la famille Sanfroid reste dans l'appartement.
3. La sœur de Mme Sanfroid habite en Espagne.
4. Le mari de la sœur de Mme Sanfroid s'appelle Léon.
5. Raoul est le fils de Mme Sanfroid.
6. Hugo est le mari de Mme Sanfroid.

C. *Pour chaque phrase écrivez une autre phrase qui dit le contraire en changeant les mots en italique.*
1. Leur appartement est *en bas*.
2. *Au lever du soleil* Monsieur Sanfroid sort de son lit.
3. Gaston Sanfroid est très *beau*.
4. Madame Sanfroid *envoie* une lettre.

Communication

D. *A vous de parler !*
1. Quels détails de l'histoire montrent que la famille Sanfroid n'est pas comme les autres ?
2. Que savez-vous sur la famille de la sœur de Madame Sanfroid. Faites une liste des détails donnés dans le texte.

II

Petit Vocabulaire

un loup-garou	- un homme qui se transforme en loup à la pleine lune
le TGV	- train français très rapide, le *Train à Grande Vitesse*
le Minitel	- terminal d'interrogation vidéotex distribué en France par la poste
tout de suite	- immédiatement

*M*adame Sanfroid demande la permission à son mari de recevoir son neveu. Quand votre mari est loup-garou°, il est important d'avoir sa permission, n'est-ce pas ? Ensuite, elle cherche un moyen pratique de préparer le voyage.

Voyons, pense-t-elle, Raoul reste dans son cercueil pendant la journée. Le soir, au coucher du soleil, il sort. En fait, il doit sortir, c'est essentiel. Alors, il va prendre l'avion pour voyager d'Allemagne en France. Un vol de jour. Et les enfants et moi, nous allons aller en taxi à l'aéroport et chercher son cercueil. Bon ! Voilà le plan.

il doit *he must*

Mais attendez un peu ! Comment recevoir un cercueil ? Surtout un cercueil avec quelqu'un de vivant à l'intérieur ! Madame Sanfroid cherche une bonne raison. Ah, la voilà ! Madame Sanfroid écrit tout de suite° à sa sœur.

Ma chère Anastasie,

Nous sommmes tous heureux de recevoir Raoul. Pour le problème, comme tu dis, voilà mon idée.

Raoul doit voyager en avion. C'est plus rapide que le train, même le TGV°. Tu apportes son cercueil à l'aéroport—avec Raoul silencieux à l'intérieur. Tu dis que c'est une affaire de famille.

Moi, je vais dire aux fonctionnaires ici à Paris que j'attends le cadavre de mon vieil oncle, mort en Allemagne. Je connais quelqu'un pour les documents nécessaires.

Attention ! Dis à Raoul de ne pas sortir du cercueil. Il doit attendre mon signal. Je vais lui dire
quand il peut sortir. On n'a pas l'habitude de voir
des résurrections ici en France !

Bon ! C'est à toi maintenant, ma petite sœur. En-
voie-moi un télégramme avec les détails du voyage.

J'envoie de grosses bises à tout le monde là-bas !

Eustachie

Pendant les jours suivants, Madame Sanfroid
cherche les documents nécessaires pour enterrer son
oncle. Elle est sorcière, et, si c'est nécessaire, elle sort   la sorcière *witch*
pendant la journée. Enfin, elle a tous les papiers de-
mandés. Il y a aussi un voisin qui est chauffeur de taxi.   le chauffeur *driver*
Il accepte d'aller chercher une «caisse» à l'aéroport.   la caisse *box*
«Caisse » est moins choquant que «cercueil», n'est-ce
pas ?

Quelques jours plus tard, Madame Sanfroid reçoit
ce télégramme :

MME EUSTACHIE SANFROID STOP RAOUL
ARRIVE 14/6 VOL NUMÉRO 342 A 19H30 STOP
AFFECTION ANASTASIE BISCLAVRET

Sept heures et demie du soir ! pense Madame Sanfroid. C'est bien tard.

Elle cherche sur son Minitel° pour voir s'il n'y a pas
un autre vol plus tôt. Mais ce ne sont pas tous les vols
qui acceptent un cercueil ! Raoul va arriver seulement
une heure avant le coucher du soleil.

ACTIVITÉS DE LA DEUXIÈME PARTIE

Compréhension

A. *Pour vous, le moyen le plus pratique de montrer votre compréhension de l'histoire est de répondre à ces questions !*

1. Qui est le mari de Madame Sanfroid ?
2. Quand est-ce que Raoul est obligé de sortir de son cercueil ?

3. Quel est le moyen le plus pratique pour lui de faire un voyage entre l'Allemagne et la France ? Pourquoi ?
4. Comment est-ce que Madame Sanfroid explique le cercueil aux fonctionnaires ?
5. Quel signe est-ce que Raoul doit attendre avant de sortir de son cercueil ?
6. Comment est-ce que Madame Sanfroid va ramener le cercueil chez elle ?
7. Qu'est-ce que Madame Sanfroid dit au chauffeur d'aller chercher ? Pourquoi ?
8. Quand est-ce que Raoul va arriver ? Par quel vol ? A quelle heure ?
9. Pourquoi est-ce que l'heure du vol ne plaît pas à Madame Sanfroid ?
10. Pourquoi est-ce que Raoul ne prend pas un autre vol ?

B. *Cherchez le contraire.*

1. quelqu'un de *mort*
2. quelqu'un d'*intelligent*
3. quelqu'un d'*étrange*
4. quelqu'un d'*ennuyeux*
5. plus *tôt*
6. le jour *précédent*

Communication

C. *Qu'en pensez-vous ?*

1. Vous croyez aux loups-garous ? Pourquoi ? Faites une liste d'autres êtres fantastiques.
2. Madame Sanfroid prépare le voyage de Raoul. Quelles difficultés a-t-elle ?
3. Jouez le rôle de Madame Sanfroid. Demandez à votre voisin le chauffeur de taxi d'aller avec vous à l'aéroport. Cherchez un partenaire pour jouer le rôle du chauffeur.

III

Petit Vocabulaire

en provenance de	- qui arrive de
atterrir	- toucher la terre; un avion *atterrit* à l'aéroport
le débarquement	- descendre d'un avion, d'un bateau; *contraire* : l'embarquement
la douane	- l'administration responsable de la protection des frontières nationales
le/la défunt(e)	- le/la mort(e)

*Q*uel sale temps ! Il fait froid et il pleut. Madame   le sale temps *bad*
Sanfroid et ses deux enfants, Antoinette et Gaston,   *weather*
sont à l'aéroport Charles-de-Gaulle. Ils attendent l'arrivée de Raoul. Le chauffeur de taxi, leur voisin, attend
avec eux.

Tous les avions sont en retard parce qu'il fait si mauvais temps. Il est sept heures dix, puis sept heures et
quart, puis sept heures vingt… A sept heures quarante,
il y a une annonce :

— Attention, attention, Mesdames, Messieurs, s'il vous
    plaît. Le vol numéro trois cent quarante-deux en
    provenance° de Munich a un retard de vingt min-
    utes. Merci.

— Diable ! dit Madame Sanfroid.

Elle sort de sa poche un petit carnet de sorcière.   le carnet *booklet*
Dedans, il y a des informations astrologiques et as-
tronomiques. Elle cherche l'heure exacte du coucher
du soleil : 20h31 ! Huit heures trente et une du soir ! Et
l'avion arrive à huit heures cinq. Il ne reste pas beaucoup de temps !

Madame Sanfroid pense à dessiner une figure magique pour avancer l'arrivée de l'avion. Hélas, il y a
trop de monde autour d'elle.

Le temps passe. Il est huit heures moins dix, moins
cinq, huit heures précises, et toujours pas d'avion.
Enfin, à huit heures cinq, il y a une autre annonce :

— Le vol numéro trois cent quarante-deux en provenance de Munich est en train d'atterrir°. Débarque-
   ment° à la porte trente-neuf.

Ah, voilà l'avion qui roule vers la zone de débarquement ! Après quelques minutes, les passagers entrent
dans le hall des Arrivées. Un peu plus tard, les bagages
arrivent sur le tapis roulant. Mais où est le cercueil ?
Madame Sanfroid va parler à un employé.

— Excusez-moi, Monsieur, dit-elle poliment. J'attends
   une caisse. Où est-elle ?

— Les marchandises descendent de l'avion les
   dernières, Madame. Et puis, il faut aller au bureau
   commercial.

Madame Sanfroid reprend sa place à la grande
fenêtre du hall des Arrivées. Elle regarde sa montre :
huit heures vingt-cinq !

Enfin, elle voit le cercueil qui descend de l'avion
avec les autres caisses. Toute la famille court au bureau commercial avec le chauffeur de taxi.

Madame Sanfroid voit arriver le cercueil. Il est derrière le comptoir. Avec ses enfants, elle passe derrière
le comptoir. *Toc ! Toc, toc ! Toc, toc, toc ! Toc !* Elle
frappe sur le cercueil. C'est un signal pour Raoul.

— Raoul ! dit Madame Sanfroid. Reste là encore
   quelques minutes ! Nous sommes toujours à l'aéroport.

Mais à ce moment une autre famille arrive. Le père
regarde Madame Sanfroid qui frappe sur le cercueil.

— Qui êtes-vous, Madame, demande-t-il, en colère. Et
   qu'est-ce que vous faites à ma pauvre tante ?

— Quoi ! crie Madame Sanfroid.

Elle regarde la plaque sur le cercueil. Ah ! Ce n'est
pas Raoul à l'intérieur ! Elle fait vite ses excuses.

Un autre cercueil arrive peu après. A ce moment, le
soleil se couche. Madame Sanfroid voit le cercueil
bouger un peu. Elle donne le signal à Raoul. Elle dit à

son neveu d'avoir un peu de patience. Mais quand le soleil se couche, un vampire est obligé de sortir. Raoul grogne. Il souffre dans son cercueil.

grogner *to grunt*

Le chauffeur de taxi arrive derrière Madame Sanfroid. Il regarde sa «caisse».

— C'est ça votre caisse, Madame ? Mais c'est un cercueil ! Il y a un mort à l'intérieur ! Vous pensez que je vais mettre un cercueil dans mon taxi ? Jamais de la vie !

— Silence, espèce de crapaud ! crie Madame Sanfroid, fâchée. Prenez un cordon. Aidez-moi !

Le chauffeur a peur de Madame Sanfroid. Il fait comme elle suggère. A ce moment, des employés arrivent. Ils disent à Madame Sanfroid qu'il faut passer à la douane° .

— Voyons, Messieurs ! C'est ridicule ! Mon pauvre oncle est bien mort !

— Alors, ça ne dérange pas le défunt° d'attendre encore un petit moment, hein ?

déranger *to disturb*

ACTIVITÉS DE LA TROISIÈME PARTIE

Compréhension

A. *Toc ! Toc, toc ! Toc ! Qu'est-ce que c'est ? Ce sont des… questions !*

1. Le soir de l'arrivée de Raoul, quel temps fait-il ?
2. Les Sanfroid vont à quel aéroport ?
3. Est-ce que les avions atterrissent à l'heure ?
4. Le vol de Munich a combien de minutes de retard ?
5. A quelle heure est-ce que le soleil se couche ?
6. Pourquoi est-ce que l'heure du coucher du soleil est importante ?
7. Comment est-ce que Madame Sanfroid peut avancer l'heure de l'arrivée de l'avion ? Pourquoi est-ce qu'elle ne le fait pas ?
8. Où arrivent les passagers ?
9. Où sont les marchandises ?

10. Madame Sanfroid fait quelle erreur ?
11. Pourquoi est-ce que Raoul grogne ?
12. Décrivez la réaction du chauffeur quand il voit la «caisse».

B. *Il y a des trous dans ces phrases ! Cherchez les mots qui manquent.*

1. Madame Sanfroid et ses enfants sont à ＿＿ Charles-de-Gaulle.
2. Parce qu'il ＿＿ si mauvais ＿＿ , tous les ＿＿ sont en retard.
3. Madame Sanfroid ＿＿ de sa poche un petit ＿＿ de sorcière.
4. L'avion ＿＿ vers la zone de ＿＿ .
5. Les ＿＿ descendent de l'avion les ＿＿.

C. *Jeu de vocabulaire*

1. Nous lisons dans le texte *Messieurs*. C'est le pluriel de *Monsieur*. Alors, quel est le pluriel de *Mademoiselle* ? Et de *Madame* ?
2. Si l'avion n'arrive pas *en avance*, ni *à l'heure*, c'est qu'il arrive —?
3. Le contraire de *le départ* est—? Et alors, le contraire de *le hall des Départs* est — ?
4. Quel est le contraire de *l'embarquement* ?

Communication

D. *Le monde des exemples*

1. *Quel sale temps* ! Donnez quelques exemples du temps qu'il fait quand il fait mauvais.
2. *Elle donne le signal à son neveu*. Imaginez quelques signaux.
3. Cherchez les *heures* indiquées dans le texte.

E. *A vous de jouer !*

1. Vous êtes Raoul dans le cercueil. Racontez vos pensées, vos idées pendant que vous attendez votre tante.
2. Vous êtes l'homme qui attend le cercueil de sa tante. Dites ce que vous pensez de Madame Sanfroid
3. «J'espère que ta famille va bien ». Qu'est-ce que vous espérez? Faites quelques phrases qui commencent par *J'espère que…*

IV

Petit Vocabulaire

formel	- catégorique, indiscutable
avoir l'air…	- sembler…
machinalement	- automatiquement, sans penser

*L*es employés mettent le cercueil sur un chariot   le chariot *cart*
avec d'autres marchandises et vont à la douane.
Madame Sanfroid et les enfants courent derrière eux.
Le chauffeur de taxi, toujours hésitant, vient le
dernier.

A la douane, le douanier est formel° . Il désire regarder dans le cercueil.

— Ça fait partie de notre bataille contre le trafic en   le trafic en stupé-
   stupéfiants, vous comprenez, Madame.   fiants *drug trade*

— Mais jamais ! Absolument pas ! crie Madame Sanfroid. Mon pauvre oncle est mort depuis longtemps.
   Il ne faut pas déranger les morts !

— C'est le règlement, Madame ! J'ai la responsabilité
   d'assurer la sécurité des frontières françaises,
   Madame.

Alors, Madame Sanfroid fait quelques gestes ma-
giques de ses mains. Il y a un *POUF* ! de poudre jaune,
et le douanier est maintenant disposé à suivre les suggestions de Madame Sanfroid.

— Tout va bien, dit Madame Sanfroid de sa voix de sorcière.

— Tout va bien, répète, machinalement°, le douanier.

— Entrez en France avec ce cercueil.

— Entre en France…

— Non ! ENTREZ !

— Oh, pardon ! Entrez en France avec ce cercueil.

Madame Sanfroid prend le tampon de la main du le tampon *rubber*
douanier. Elle tamponne les papiers officiels. Elle rend   *stamp*
les papiers au douanier. Puis, elle fait claquer ses
doigts.

Le douanier a l'air un peu confus. Il regarde
Madame Sanfroid, puis il regarde les papiers.

— Je peux partir maintenant ? demande Madame San-
    froid.

— Euh… oui, Madame. Vos papiers sont en ordre, dit le
    douanier lentement.

Derrière le comptoir, le cercueil fait un mouvement.
Raoul ne dort plus. Et il doit sortir du cercueil !

Madame Sanfroid, Antoinette et Gaston prennent
les cordons du cercueil. Ils tirent la grande caisse sur
le chariot à bagages.

Le chauffeur de taxi attend à la sortie.

— Madame, je refuse ! dit-il. Un cercueil dans mon
    taxi? Non, non et non !

— *AAARGH ! RAOU-OU-OU-RGH !* dit Raoul dans son
    cercueil.

— Qu'est-ce que c'est ? demande le chauffeur.

— Rien, Monsieur, répond Madame Sanfroid.

Elle regarde le chauffeur de taxi les yeux dans les
yeux. Il tombe sous son influence magique.

— Montons vite dans le taxi.

— Très… très bien, Madame.

C'est difficile, dans le taxi. Le chauffeur, Antoinette,
Gaston et Madame Sanfroid sont sur la banquette
avant. Derrière, il y a le cercueil. Une partie du cercueil sort de la fenêtre.

Dans les rues, il y a beaucoup de circulation. Après
tout, c'est Paris, n'est-ce pas ? Le taxi s'arrête souvent
aux feux rouges. Raoul fait beaucoup de bruit dans
son cercueil.

— Nous allons à quel cimetière, Madame ? demande le chauffeur calmement.

— Pas au cimetière, idiot ! crie Madame Sanfroid. Nous rentrons chez nous.

— Mais voyons, Madame ! Qu'est-ce que vous allez faire du défunt, votre oncle ?

— Nous avons un autre lit pour lui. Chez nous, je vous dis ! et vite !

Le chauffeur ne dit plus rien. Il conduit. Quand il arrête la voiture devant la maison, il y a des passants qui regardent avec curiosité. C'est à Madame Sanfroid et à ses enfants de descendre le cercueil du taxi et de monter cette grande caisse dans leur appartement. Monsieur Sanfroid n'est pas capable d'aider sa famille. Il est loup maintenant.

le passant *passerby*

Le chauffeur de taxi est bien content de dire au revoir à cette famille bizarre !

ACTIVITÉS DE LA QUATRIÈME PARTIE

Compréhension

A. *Ah non ! Ce n'est pas vrai ! Un employé ne comprend rien et raconte l'histoire de travers. Corrigez ces phrases.*
   1. Madame Sanfroid met le cercueil sur un chariot.
   2. Le douanier ne pose pas de questions quand il voit le cercueil.
   3. Le douanier pense au trafic des vins de Roumanie.
   4. Il y a un *pouf!* de poudre rouge.
   5. Le douanier tamponne les papiers officiels.
   6. Pendant ce temps le cercueil ne bouge pas
   7. Le chauffeur de taxi met le cercueil sur le toit de sa voiture.

B. *Ah oui, voilà encore une fois des questions pour vous !*
   1. Où vont les employés avec le cercueil ?
   2. Comment est-ce que Madame Sanfroid change la décision du douanier ?
   3. Qui est-ce qui tamponne les papiers officiels ?

4. Pourquoi est-ce que le douanier parle lentement ?
5. D'abord, le chauffeur de taxi refuse de prendre le cercueil. Pourquoi est-ce que finalement il accepte ?
6. Où est-ce que le chauffeur pense qu'ils vont ?

Communication

C. *A vous de parler !*

1. Quelles sont les frontières de la France ? Quels sont les pays de l'autre côté de ces frontières ? Et quelles sont les frontières des Etats-Unis ?
2. Qu'est-ce que les douaniers cherchent dans les bagages des voyageurs ?
3. Vous arrivez en France. Imaginez la conversation entre vous et un douanier. Trouvez un partenaire pour le rôle du douanier. Présentez votre conversation devant la classe.

D. *Une Soupe de Sorcière—Un Jeu!* Vous allez préparer une soupe de sorcière avec les ingrédients indiqués. Choisissez un mot de la quatrième partie. Faites un tiret pour chaque lettre de votre mot. Cherchez un adversaire. L'adversaire va deviner une lettre . S'il a raison, mettez la lettre sur le tiret. S'il a tort, mettez un ingrédient dans la marmite. Vous gagnez avec tous les ingrédients dans la marmite. Votre adversaire gagne avec toutes les lettres correctes.

Voici treize ingrédients:

jambes de cafard	yeux de sauterelle	tête de serpent
pattes de mouche	langue de papillon	oreille de rat
dard d'abeille	salive d'escargot	aile de cigale
toile d'araignée	dent de souris	queue de lézard
antenne de scarabée		

V

Petit Vocabulaire

un complet	- un costume d'homme : un pantalon et une veste
une consultation	- une visite chez le médecin
un enchantement	- une opération magique
l'herbe-aux-chats	- une plante que les chats adorent

Après beaucoup d'efforts, le cercueil est enfin sur le plancher dans la salle à manger de l'appartement des Sanfroid. Madame Sanfroid ouvre vite le cercueil et Raoul sort. Il va très mal.

— Bonsoir, Raoul ! dit Madame Sanfroid.

— *RAAAARGH* ! dit Raoul, les yeux tout rouges.

Il porte un complet° noir, une chemise blanche élégante et une longue cape noire. C'est un costume traditionnel chez les vampires. Sans un mot, Raoul sort par la fenêtre.

— Il a faim, le pauvre, dit Madame Sanfroid. Il va chercher une victime.

Le lendemain matin, quand Madame Sanfroid entre dans la chambre de Raoul, le cercueil est fermé. Raoul dort. Madame Sanfroid téléphone au médecin spécialiste des traitements anti-vampiriques. Elle demande une consultation° pour le soir même.

le lendemain matin *next morning*

— Notre cher Raoul n'est pas satisfait de sa condition, Docteur, dit Madame Sanfroid. Il désire une transformation.

Le soleil se couche. C'est le soir. Raoul sort du cercueil. Il est de bonne humeur.

de bonne humeur *in good spirits*

— Tu vas chez le médecin à neuf heures, Raoul, dit Madame Sanfroid.

— Merci bien, Tante Eustachie !

— Où sont nos cadeaux-surprises, Cousin Raoul ? demande Gaston.

Raoul prend deux paquets dans le cercueil pour les enfants. Gaston a un joli lézard jaune et An-   le lézard *lizard*
toinette reçoit une petite poupée magique. Il y a aussi un livre d'enchantements° pour sa tante et un paquet d'herbe-aux-chats pour son oncle. Tout le monde sait que les chats adorent l'herbe-aux-chats, mais les loups-garous aiment aussi cette plante.

A huit heures quarante, Raoul sort pour aller chez le médecin. Quand il rentre, beaucoup plus tard, il est très, très content. Le médecin accepte d'aider le pauvre vampire malheureux.

Après trois semaines de consultations, Raoul n'est plus vampire. Il prépare son retour en Allemagne. Madame Sanfroid écrit à sa sœur :

Ma chère Anastasie,

Ton fils n'est plus vampire ! Oui, c'est vrai. Ah, la médecine moderne ! Ce médecin est excellent.

Je fais enterrer le cercueil au cimetière près de chez nous. Nous avons un ami qui est chauffeur de taxi pour nous aider dans ce projet.

Raoul rentre chez vous par le train. Il ne reste plus dans cette caisse terrible pendant la journée. Maintenant, il est comme tous les autres hommes de notre famille. Oui, Anastasie, ton Raoul n'est plus vampire : il est enfin loup-garou !

Je t'embrasse,
Eustachie

ACTIVITÉS DE LA CINQUIÈME PARTIE

Compréhension

A. *Raoul rentre chez lui en Allemagne. Pendant qu'il s'amuse dans les bois, répondez donc à ces questions.*

1. Comment est Raoul quand il sort du cercueil ?
2. Comment Raoul est-il habillé ? Pourquoi ?
3. Où est-ce que Raoul va immédiatement ? Pourquoi ?
4. Quand est-ce que le médecin va voir Raoul ?
5. Quand est-ce que Raoul sort du cercueil ?

6. Quels cadeaux a-t-il pour la famille Sanfroid ?
7. Pendant combien de temps est-ce que Raoul reste à Paris ?
8. Comment est-ce que Raoul rentre en Allemagne ?
9. Qu'est-ce que Madame Sanfroid va faire du cercueil de Raoul ?
10. Quels sont les résultats du traitement anti-vampirique ?

B. *Jeu de vocabulaire*

1. Si vous n'êtes pas *de bonne* humeur, c'est que vous êtes ____.
2. Nous marchons sur le *plancher*, et au-dessus de notre tête nous regardons ____ .
3. Quelle heure est-il ? L'horloge numérique dit «21h00». Alors, comment dit-on l'heure d'une autre manière ? ____ Et si l'horloge dit «20h40», il est aussi ____ .

C. *Cherchez la question! Utilisez* où, comment *ou* qui *ou* qu'est-ce qui.

1. Il est dans la salle à manger, sur le plancher.
2. Il sort vite du cercueil.
3. Ils sont tout rouges.
4. Par la fenêtre.
5. Mme Sanfroid téléphone au médecin.
6. Les loups-garous aiment cette plante.

Communication

D. *Pour leur anniversaire, imaginez de bons cadeaux pour…*

1. un vampire
2. un loup-garou
3. une sorcière

E. *C'est votre tour !*

Vous avez le choix : être vampire ou être loup-garou. Qu'est-ce que vous préférez ? Pourquoi ? Quels inconvénients et quels avantages y a-t-il à être l'un ou l'autre ?

F. *Au théâtre !*

Trouvez un acteur pour chaque personnage de l'histoire du Cousin Raoul et jouez l'histoire comme une pièce de théâtre. Vous pouvez lire le texte, l'apprendre par cœur (*learn it by heart*) ou le présenter en vos propres mots.

Aventures à l'Internet

Sites suggérés:

1. *les aéroports de Paris*
   http://www.adp.fr/
   http://www.pariserve.tm.fr/info/aeroport.htm

2. *tout sur les loups-garous*
   http://www.multimania.com/mysteres/loups.html

✢ ✢ ✢

Est-ce que vous avez le temps pour une histoire à vous donner la chair de poule ? Une histoire avec un animal féroce dans une forêt immense ? Attention ! Ne lisez pas cette histoire le soir avant d'aller dormir !

Traces de loup, traces d'homme

I

Petit Vocabulaire

Québécois(e)	- qui habite le Québec
Montréal	- deuxième ville francophone du monde ; très grande ville du Québec
la plupart	- la majorité
le coureur des bois	- homme qui chasse et qui pose des trappes dans la forêt
un kilomètre (km)	- mille mètres (1000m) ; mesure de distance internationale (= 0.62 mile)
du lever au coucher du soleil	- du matin au soir

    *L*e Québec est vaste et vide. Sur un territoire plus grand que la France, il y a moins de huit millions de Québécois. C'est le couloir Québec-Montréal qui est la région la plus peuplée. Un peu au nord du grand fleuve Saint-Laurent on entre bientôt dans une région d'immenses forêts et de lacs perdus : le Nouveau Québec. Aujourd'hui, les avions, les motoneiges aident à rattacher cette région avec le reste du pays. Mais il y a toujours de petits villages isolés. Et c'est dans un de ces villages au bout du monde que notre histoire prend place.

la motoneige *snow mobile*

    Les gens qui habitent Saint-Denis-du-Lac sont des types robustes. Leurs ancêtres sont venus de France il y a trois cents ans pour coloniser ce pays à la limite du monde connu. Ce sont pour la plupart des coureurs des bois° et des pêcheurs. Ces gens—les «habitants», comme on dit—habitent une immensité verte en été et blanche en hiver.

le pêcheur *fisherman*

Leur village se trouve au bord du lac Chépasou à quelque trois cent kilomètres° de Schefferville. C'est à Schefferville qu'il y a le poste de la Sûreté du Québec le plus proche.

Les habitants de Saint-Denis-du-Lac n'ont pas le temps de beaucoup parler, de lire ou d'écrire. Ils travaillent du lever° au coucher du soleil. C'est une lutte pour la vie contre les bois sombres et le froid terrible qui dure d'octobre à mai. Naturellement, les gens de cette région ne sont pas au courant des nouvelles scientifiques. Naturellement, ils ont des idées, des superstitions qui semblent démodées, ridicules. Par exemple, ils croient aux loups-garous .

Comment ? Vous souriez ? Allez dire aux gens de Saint-Denis-du-Lac que les loups-garous n'existent pas ! Eux, ils savent !

quelque trois cent kilomètres *about three hundred kilometers*

la lutte *struggle*

le loup-garou *werewolf*

ACTIVITÉS DE LA PREMIÈRE PARTIE

Compréhension

A. *Nous ne croyons peut-être pas aux loups-garous, mais nous croyons aux questions !*
  1. Comment est le Québec ?
  2. Au Québec, quelle est la région la plus peuplée ?
  3. Qu'est-ce que c'est que le Nouveau Québec ?
  4. Quelle sorte de villages est-ce qu'on trouve encore au Nouveau Québec ?
  5. Où se trouve Saint-Denis-du-Lac ?
  6. Quel est le travail principal des habitants de Saint-Denis-du-Lac ?
  7. Qu'est-ce qu'il y a à Schefferville ?
  8. Est-ce que la vie des gens de Saint-Denis-du-Lac est facile ?
  9. Quelles idées démodées est-ce que ces gens ont ?
  10. Est-ce que vous croyez aux loups-garous ?

B. *Cherchez le contraire de chaque phrase.*

    1. La boutcille est *pleine.*
    2. Le village est *au sud* du lac Chépasou.
    3. L'avion arrive *longtemps après.*
    4. C'est un village *au centre du monde.*
    5. Nous allons passer *l'été* au Québec.

Communication

C. *Le monde des exemples*

    1. Donnez quelques exemples de fleuves. Indiquez le pays où se trouve chaque fleuve.
    2. Connaissez-vous d'autres régions isolées ?
    3. Donnez quelques exemples de choses démodées.

D. *Qu'en pensez-vous ?*

    1. Que savez-vous sur les loups-garous ? Racontez la légende.
    2. Comment est l'hiver chez vous ? Est-ce que c'est comme l'hiver au Québec ?
    3. Décrivez la vie des habitants de Saint-Denis-du-Lac.

II

Petit Vocabulaire

une cabane	- petite habitation construite de matières simples, du bois par exemple; une petite maison de la forêt
jeter un coup d'œil	- regarder rapidement
dormir sur les deux oreilles	- dormir paisiblement sans inquiétude
les vivres (*m.*)	- provisions de nourriture
un hibou	- oiseau nocturne prédateur aux grands yeux qui ulule
un ouaouaron	- au Québec, une grosse grenouille qui crie « oua-oua-ron, oua-oua-ron »
la gueule	- la bouche d'un animal

*J*eannot Trignant est coureur des bois. Il attrape toute sorte d'animal pour sa peau. Sa cabane°–une petite habitation en bois–est à dix kilomètres de Saint-Denis-du-Lac. Jeannot passe la plus grande partie de son temps dans la forêt sauvage. Souvent, il passe aussi la nuit dans les bois sous un ciel plein d'étoiles.

Ce soir, Jeannot dresse sa tente près d'une rivière dans la forêt. Le soleil est tout rouge à l'horizon. Jeannot allume son feu et prépare son souper. Il prend de la soupe aux pois, du pain et un peu de vin rouge. Après, il boit un café amer.

allumer *to light (up)*

Après son souper, Jeannot reste assis au coin du feu. La nuit tombe, la nuit de la pleine lune. Enfin, Jeannot met des pierres autour du feu et va jeter un coup d'œil° sur ses peaux et ses vivres°. Il prépare son sac de couchage sous la tente. Il est bien fatigué après une longue journée.

le sac de couchage
sleeping bag

Il est minuit. Jeannot dort sur les deux oreilles°. La pleine lune éclaire le ciel d'une lumière blanche. Autour du camp il y a les sons nocturnes de la forêt : les chants des insectes, les coassements des ouaouarons°, les ululements des hiboux°, et tous les autres sons des animaux qui cherchent ou trouvent leurs victimes.

Soudain, un loup hurle, un grand loup ! Tous les autres sons s'arrêtent. Le silence tombe partout. Le loup hurle encore une fois. Sous la tente, Jeannot ne dort plus. Il entend lui aussi le loup. Il pense aux vivres dans le sac à dos, aux peaux qui sentent toujours les animaux morts. Ces odeurs peuvent attirer un loup !

Ah, le loup hurle encore une fois ! Il est plus près, c'est évident. Il s'approche du camp ! Alors, Jeannot ne peut plus dormir. Il rallume le feu. Il prend son fusil et s'assied pour attendre cet ennemi.

Il n'attend pas longtemps. Bientôt, le bruit d'un animal de grande taille remplit les bois. Jeannot remet du bois dans le feu. Il sait bien que les animaux n'aiment pas le feu.

remet *puts more*

Il y a un bruit sec et Jeannot voit le loup près de la rivière. Et quel loup ! C'est le loup le plus grand de toutes les forêts du Québec !

Le loup regarde fixement Jeannot. Ses yeux brillent, rouges dans la lumière du feu. Il jette un cri féroce, un grondement dans sa gueule°. Le loup fait un pas vers le camp.

Sans réfléchir, Jeannot prend son fusil et tire. *CRAC!* Il tire une deuxième fois, une troisième fois. *CRAC !* *CRAC !* Le loup ne bouge pas. Il reste là et hurle horriblement. Jeannot reste où il est, immobilisé par la terreur. Affolé, il cherche des cartouches dans ses poches. Le loup continue à avancer. Les cartouches tombent de la main de Jeannot Trignant. Le loup saute, la gueule grande ouverte, ses longues dents prêtes à l'attaque.

sans réfléchir *without thinking*

affolé *panic stricken*
la cartouche *cartridge*

Jeannot regarde dans les yeux du loup. Sa dernière pensée est que les yeux du loup sont presque humains.

ACTIVITÉS DE LA DEUXIÈME PARTIE

Compréhension

A. *Ne regardez pas dans les yeux du loup ! Regardez plutôt ces questions !*

1. Où habite Jeannot Trignant ?
2. Où est-ce que Jeannot Trignant dresse sa tente ?
3. Qu'est-ce qu'il prend pour son souper ?
4. Où est-ce que Jeannot Trignant va passer la nuit ?
5. Comment est la lune ?
6. Qu'est-ce que Jeannot Trignant entend soudain ?
7. Pourquoi est-ce que les vivres sont un danger pour le coureur des bois ?
8. Que fait Jeannot Trignant quand il entend le loup ?
9. Comment est le loup ?
10. Est-ce que les cartouches arrêtent le loup ?
11. Comment sont les yeux du loup ?

B. *Trouvez le contraire.*

1. civilisé
2. un café sucré
3. nulle part
4. un ami

C. *Trouvez un synonyme.*

1. une très grande peur
2. la bouche d'un animal
3. le pied d'un animal
4. la forêt

Communication

D. *A vous de parler !*

1. Vous faites du camping. Qu'est-ce que vous mettez dans votre sac à dos ?
2. Et quels vivres apportez-vous ?
3. Faites une liste des bêtes sauvages qui habitent dans les bois de l'Amérique du Nord.
4. Et quelles bêtes sont dangereuses ?
5. Comment imaginez-vous la nuit dans la forêt ?

III

Petit Vocabulaire

une enquête	- recherche d'indices et observation des faits
un hydravion	- un avion capable de se poser à la surface de l'eau
un émetteur	- appareil qui donne un signal sonore

A neuf heures du matin, l'inspecteur Lucien Duval est déjà à son bureau. Le poste de la Sûreté du Québec à Schefferville est encore calme. Le commandant du poste s'approche de son bureau.

— Duval ! dit le commandant. Regardez-moi ça !

Le commandant met une photocopie devant l'inspecteur. C'est une photo de Jeannot Trignant avec les mots «Recherché par la police».

— Qu'est-ce que c'est ?

— Encore un disparu. Ça fait maintenant sept hommes en deux mois. Quatre hommes le mois dernier, et trois hommes ce mois-ci. Sept hommes disparus. Et dans la même région ! Il y a quelque chose qui se passe au lac Chépasou. Voilà les noms : Vincent Bilodeau, Pierre Laramée, Jeannot Trignant...

— Est-ce qu'il y a des indices ?

— Non, rien. C'est à vous de chercher la solution, Duval. Allez là-bas tout de suite. Faites une enquête°.

Alors, Lucien Duval met ses affaires dans un sac à dos, monte dans l'hydravion° de la police qui attend sur la piste, et vole vers le lac Chépasou et le village de Saint-Denis-du-Lac.

Après une heure de vol, l'hydravion se pose doucement sur le lac. Le pilote conduit l'avion au quai. Lucien Duval saute de l'avion. Bientôt, l'avion remonte dans le ciel. Lucien est seul avec les villageois. Il parle aux gens qui attendent au bout du quai.

— Ce n'est pas normal, Monsieur l'inspecteur, dit le vieux Marcel. Ces hommes-là, ce sont de bons chasseurs, des hommes de la forêt.

— Mais c'est peut-être un accident ? Une coïncidence ? demande Lucien.

— Non, il n'y a pas d'accident qui arrive à sept hommes différents en si peu de temps, dit Marianne Honfleur, la femme d'un des hommes disparus.

Alors, une carte à la main, Lucien Duval part pour la forêt à son tour. Il est un peu avant midi.

Vers quatre heures, Lucien découvre le camp de Jeannot Trignant. Le camp ressemble à un champ de bataille. La tente est déchirée, le reste des vivres et le contenu du sac à dos sont éparpillés par terre un peu partout.

Lucien Duval examine le camp. Il cherche quelque indice, quelque explication de la disparition de Jeannot Trignant. Sur le sol, Lucien voit des traces de loup. Et ce sont les traces d'un loup énorme.

Un peu plus loin, Lucien trouve le fusil de Jeannot Trignant. Il voit aussi des cartouches pleines par terre près du fusil. C'est incroyable ! Un coureur des bois est toujours prêt à chasser des animaux. Il n'abandonne pas son fusil. Lucien fait le tour du camp ; il trouve l'endroit où les traces du loup vont dans la forêt. Et ces traces donnent l'impression que le loup porte quelque chose de lourd. Diable ! Est-ce un loup qui aime manger les hommes ? Lucien Duval prend son fusil. Il suit les traces du loup. A quelques kilomètres du camp, il trouve le cadavre de Jeannot Trignant. Il est évident qu'un animal—le loup, peut-être—a déchiré le cadavre. Lucien laisse un émetteur° automatique pour indiquer où est le défunt. Il continue à suivre les traces du loup.

Après un demi-kilomètre, Lucien trouve quelque chose de bizarre. Les traces de loup disparaissent. A leur place il y a maintenant des empreintes de pieds humains !

éparpillé *scattered*

par terre *on the ground*

un émetteur *transmitter*

ACTIVITÉS DE LA TROISIÈME PARTIE

Compréhension

A. *Voulez-vous faire une enquête sur ce loup mystérieux ?*
    Alors, commencez avec ces questions !

1. Qui est Lucien Duval ? Quel est son travail ? Où est-ce qu'il travaille ?
2. Quelle photo est-ce que le commandant montre à Lucien ?
3. Combien d'hommes ont disparu jusqu'ici ?
4. Qu'est-ce qu'il y a d'étrange dans l'affaire de Saint-Denis-du-Lac ?
5. Comment est-ce que Lucien va à Saint-Denis-du-Lac ?
6. Où est-ce que l'avion atterrit ?
7. Pourquoi est-ce que les villageois ne croient pas à un accident ?
8. Qu'est-ce que Lucien Duval trouve au camp de Jeannot Trignant ?
9. Comment sont les traces du loup ? Quelle idée donnent-elles à Lucien ?
10. Est-ce que Lucien trouve Jeannot Trignant ?
11. Pourquoi est-ce que les traces du loup sont bizarres ?

B. *Cherchez un synonyme.*

1. quelqu'un qui habite un village
2. à une grande distance

Communication

C. *Le monde des exemples*

1. Donnez quelques exemples des *indices* que l'inspecteur de police peut trouver au camp de Jeannot Trignant.
2. Quels accidents peuvent arriver dans la forêt ?
3. Faites une liste d'au moins cinq *choses lourdes*.
4. Maintenant, faites une liste d'au moins cinq *choses légères*.

D. *C'est votre tour !*

1. La chasse, est-ce que c'est un sport excitant ? Civilisé ? Abominable ? Pourquoi ?
2. La forêt, est-ce que c'est un lieu plaisant ? Intéressant ? Effrayant ? Pourquoi ?

3. Connaissez-vous d'autres histoires pour les enfants au sujet d'un loup méchant ? Donnez des exemples et racontez une histoire.

4. Vous êtes reporter pour un grand journal québécois, *La Presse*, par exemple. Vous arrivez au village. Faites votre reportage.

IV

Petit Vocabulaire

le dépanneur	- au Québec, l'épicier (*a variety/general store*)
se transformer	- changer de forme
tranquille	- calme
itinérant	- qui voyage de place en place

De retour à Saint-Denis-du-Lac, Lucien Duval entre chez l'épicier du village, le *dépanneur* comme on dit au Québec. Il téléphone au poste de la Sûreté du Québec. Il fait son rapport au commandant. Autour de lui, des villageois écoutent, curieux. Imaginez leur réaction quand Lucien parle des traces de loup qui se transforment° en traces d'homme !

— C'est un loup-garou ! crie Antoine Malherbe, l'épicier.

— Aux armes ! dit un autre homme. Trouvons ce monstre!

Bientôt, tous les villageois parlent en même temps. Lucien Duval doit calmer les gens.

— Restez tranquilles ! dit-il aux villageois. La police est au courant. Moi, je crois que c'est un loup enragé qui a attaqué les hommes. Je vais rester ici et retrouver ce loup.

A ce moment, un coureur des bois entre chez l'épicier. Il a l'air affolé.

— C'est Pierre Lachique, dit-il à voix basse. Son cadavre est dehors dans mon sac de couchage. Il est à moitié mangé.

— Pierre Lachique, c'est qui, Monsieur ? demande Lucien.

— Lachique est un marchand de vivres itinérant°, Monsieur l'Inspecteur, répond l'épicier. Il se déplace en avion.

se déplacer *to move around*

— J'ai trouvé son avion sur le lac Ouaganou, dit le coureur des bois. Avec tous les vivres à l'intérieur. Autour de son camp, j'ai trouvé des traces de loup.

— Et le cadavre ? demande Lucien. Vous avez trouvé Monsieur Lachique où ?

— Tout près, Monsieur. Les traces de loup vont dans la forêt, puis, il y a des traces d'homme. Là, j'ai trouvé le cadavre du pauvre marchand.

«Ça fait quatre hommes ce mois-ci », pense Lucien Duval.

C'est la terreur qui s'installe à Saint-Denis-du-Lac. Les coureurs des bois ne vont plus dans la forêt. Il y a des gens qui viennent tous les jours au village parce qu'ils ont peur d'habiter dans les bois.

Puis la lune n'est plus pleine. Les attaques s'arrêtent.

Et pendant ce temps, Lucien Duval reste à Saint-Denis-du-Lac. Il explore la région, mais il ne trouve rien.

Le mois passe. La lune grandit dans le ciel plein d'étoiles. Lucien Duval prend une décision : il va prendre ce loup au piège !

ACTIVITÉS DE LA QUATRIÈME PARTIE

Compréhension

A. *Vite ! Aux armes ! Euh... non... aux questions !*
   1. Qu'est-ce qui se passe chez l'épicier ?
   2. Quelle est la réaction de l'épicier quand il entend l'histoire des traces de loup ?
   3. Quelle est l'explication de Lucien Duval pour la mort des coureurs des bois ?
   4. Que dit le coureur des bois qui entre chez l'épicier?
   5. Qu'est-ce que le coureur des bois a trouvé au lac Ouaganou ?
   6. Quelles traces a-t-il vues?
   7. Quelle est la réaction à Saint-Denis-du-Lac ?
   8. Quand est-ce que les attaques s'arrêtent ?
   9. Quelle décision est-ce que Lucien Duval prend ?

B. *Jeu de vocabulaire*
   1. Pour le mot *tranquille,* cherchez un synonyme et le contraire.
   2. Quel est le contraire de *nous perdons* ?
   3. *L'arbre devient plus grand.* Donnez le contraire de cette phrase. Cherchez un synonyme pour *devenir plus grand.*
   4. *Il a l'air affolé.* Donnez le contraire de cette phrase. Cherchez un synonyme pour *affolé.*

Communication

C. *A vous de parler !*
   1. *Aux armes* ! Quels autres cris en français est-ce que vous connaissez ?
   2. Quelles autres possibilités est-ce qu'il y a pour expliquer la mort des coureurs des bois ?
   3. Vous êtes reporter à la télévision. Avec des partenaires, faites une interview de quelques villageois, puis de Lucien Duval. Essayez de comprendre leurs idées sur l'affaire du loup.

V

Petit Vocabulaire

l'herbe-aux chats   herbe qui plaît aux chats et aux loups-garous
la cabane   toute petite maison rustique, dans les bois

— *V*ous avez de l'herbe-aux-chats° ? demande Lucien à   herbe-aux-chats *(f.)*
  l'épicier.   *catnip*

— Dans le jardin, oui, je crois. Pourquoi ?

— C'est bon pour attirer les loups-garous, répond Lucien sans sourire.

  Alors, la nuit de la pleine lune, Lucien Duval, inspecteur de la Sûreté du Québec, entre dans l'immense
forêt près du lac Chépasou. Il a deux fusils, quelques
boîtes de cartouches et de l'herbe-aux-chats.

  Comme il arrive au sentier qui mène tout au fond   le sentier *path*
des bois, un villageois apparaît.

— Prenez ceci, Monsieur l'Inspecteur, dit l'homme. Il
  donne à Lucien cinq cartouches en argent.« C'est
  pour tuer les loups-garous. Les balles ordinaires ne
  font rien. »

  Lucien remercie l'homme.

— Je vous rends ces cartouches à mon retour.

  Lucien continue à suivre le sentier. Il va de plus en
plus loin dans la forêt. C'est déjà la fin de l'après-midi.

****

  *Un certain André Leclerc est aussi dans la forêt. Il est
coureur des bois. Il rentre chez lui par la route du nord.
André suit un autre sentier qui mène au lac Chépasou.
En route, il fait un détour pour cueillir des myrtilles. Il*   cueillir *to pick*
ne connaît pas cet endroit.   la myrtille *wild*
                                                                        blueberry
  *Pendant qu'André mange, il regarde autour de lui. Ah !
Qu'est-ce que c'est ? Sous de petits arbres il trouve les
ruines d'une cabane.*

André prend son fusil et entre dans la cabane. D'abord, il ne voit rien d'intéressant. Mais comme ses yeux s'adaptent à l'obscurité de la seule pièce, il remarque une pierre plate au sol.

« Une pierre de cheminée ? » pense André. Il lève la pierre et trouve—des vêtements ! Une chemise blanche, un vieux pantalon, des chaussures. A qui sont ces vêtements ? Personne n'habite dans cette cabane. Et—chose étrange—les ruines sont vieilles, mais les vêtements sont propres.

Puisque l'après-midi se termine, André Leclerc décide de continuer vers Saint-Denis-du-Lac. Il prend les vêtements et se met en route.

ACTIVITÉS DE LA CINQUIÈME PARTIE

Compréhension

A. *Vous entrez dans la cabane en ruines, vous levez la pierre de cheminée, et vous découvrez… des questions !*

1. Pourquoi est-ce que Lucien Duval désire de l'herbe-aux-chats ?
2. Qu'est-ce que Lucien prend pour attraper le loup ?
3. Qu'est-ce que le villageois donne à Lucien ?
4. Pendant quelle partie de la journée est-ce que Lucien entre dans la forêt ?
5. Qui est André Leclerc ?
6. Où est André ?
7. Qu'est-ce qu'il voit ?
8. Qu'est-ce qu'André trouve sous la pierre de cheminée ?
9. Quelle différence est-ce qu'il y a entre la condition des ruines et la condition des vêtements ?
10. Qu'est-ce qu'André fait avec les vêtements ?

B. *Cherchez le contraire de chaque phrase en changeant les mots en italique.*

1. Elles sont *de moins en moins* curieuses.
2. C'est un loup *ordinaire*.
3. Nous sommes *au commencement* du mois.
4. Le plancher de la cabane est très *sale*.

Communication

C. *Le monde des exemples*

1. Comment peut-on attirer des animaux ? Donnez quelques exemples.
2. Quelles sont les parties de la journée ? Faites une liste et indiquez les heures de chaque partie.

D. *Eh bien ! Pouvez-vous répondre à ces questions ?*

1. Comment est-ce qu'un homme devient loup-garou ? Est-il possible d'échapper à cette condition ?
2. Quelle est la légende des balles en argent ? Est-ce que ces balles sont utiles contre les vampires ?
3. Imaginez un piège pour attraper un loup-garou.

VI

Petit Vocabulaire

l'est *(m.)*   - où le soleil se lève
l'ouest *(m.)*   - où le soleil se couche

Lucien Duval est assis près du feu. Il a son sac de couchage tout prêt, mais il ne va pas dormir. Un fusil à la main, l'autre à côté de lui, Lucien écoute les sons de la forêt.

tout prêt all ready

A l'est, la pleine lune apparaît. Lucien boit le reste de son café. Il comprend qu'il est tout seul en face du danger.

Les heures passent. Il est maintenant presque minuit. Soudain, un loup hurle. Les sons des animaux s'arrêtent. Lucien frissonne. Il se lève.

frissonner to shiver

Le loup hurle encore une fois. Il est plus près ! Lucien prend le sac d'herbe-aux-chats, et son fusil. Bientôt, il entend le bruit des pas du loup.

****

Il est presque minuit quand André Leclerc arrive chez lui à Saint-Denis-du-Lac. Sa femme est assise dans la salle principale de leur modeste petite maison.

— *Tu rentres tard, dit-elle.*

— *Bonsoir ! J'ai fait un détour. Regarde ça .*

André montre les vêtements à sa femme.

— *Ah ! Brûle ces vêtements ! Mets ces vêtements au feu ! crie sa femme.*

— *Mais pourquoi ?*

— *Avec toutes les disparitions ? Ce sont peut-être les vêtements d'un mort.*

André sait qu'il est inutile de discuter. Il porte les vêtements vers la cheminée.

ACTIVITÉS DE LA SIXIÈME PARTIE

Compréhension

A. *Brrr ! Vous frissonnez ? Alors, pensez à ceci. Les actions sont importantes. Dans chaque phrase, c'est l'action, le verbe, qui manque.*

1. La pleine lune _____ dans le ciel.
2. Le loup _____.
3. Lucien _____ son café.
4. Les heures _____.
5. Lucien _____ les sons de la forêt.
6. Les sons des animaux _____ .
7. Lucien _____ le bruit des pas du loup.
8. André _____ les vêtements à sa femme.

B. *La position aussi est importante. Cherchez la préposition qui manque.*

1. _____ l'est, la pleine lune apparaît.
2. Lucien est assis _____ du feu.
3. Lucien est tout seul _____ du danger.
4. Il a un fusil _____ la main.
5. Il a un autre fusil _____ lui.
6. Ah ! Le loup est plus _____ du camp.
7. André Leclerc arrive _____ lui.
8. André porte les vêtements _____ la cheminée.

Communication

C. *Le monde des exemples*

1. Cherchez quelques exemples d'arbres.
2. Quelle est la différence entre un *fleuve* et une *rivière* ? Donnez quelques exemples de rivières.
3. Cherchez quelques exemples de lacs.

D. *A vous de parler !*

1. Vous trouvez des vêtements dans la forêt. Quelle est votre réaction ?
2. Décrivez la maison d'André Leclerc.

VII

Petit Vocabulaire

les yeux dans les yeux	- directement
murmurer	- parler à voix très basse
sauter	- *exemple* : un kangourou *saute*
Ontario	- province canadienne à l'ouest du Québec
mortel/mortelle	- qui peut mourir

Lucien Duval entend très bien le loup maintenant. Pendant une petite seconde, il voit l'énorme animal illuminé par le clair de lune. Puis le loup disparaît dans l'obscurité de la nuit.

Lucien tourne autour du feu. Il garde toujours le feu entre lui et le bruit du loup. Enfin, le loup sort de la forêt et s'approche du feu. L'animal regarde l'inspecteur les yeux dans les yeux°.

« Ses yeux ont l'air d'être des yeux humains », murmure° Lucien comme il continue à marcher autour du feu.

Le loup gronde sourdement. Ses longues dents jaunes brillent dans la lumière du feu. Evidemment, il se prépare à l'attaque.

gronde sourdement *makes a low, deep and angry growl*

Sans attendre plus longtemps, Lucien prend son fusil, vise et tire. *CRAC !* Il tire encore une fois. *CRAC!* Mais qu'est-ce qui se passe ? Les balles passent à travers le loup et ne font aucun mal à l'animal menaçant.

La main tremblante, Lucien met une des cartouches en argent dans le fusil. Le loup s'accroupit, prêt à sauter°.

s'accroupir *to crouch*

****

Pendant que Lucien Duval fait face à la fureur du loup, André Leclerc jette dans le feu les vêtements de la cabane en ruines. Comme les vêtements brûlent, André et sa femme croient entendre les hurlements d'un loup. Les hurlements viennent de très loin.

CRAC ! La troisième balle touche le loup à la tête. L'énorme animal tombe mort. Toujours tremblant, Lucien Duval s'approche du loup. Il voit un loup ordinaire, pas de loup-garou. Mais autour du cou de ce loup il y a une chaîne. Et à la chaîne il y a une médaille avec le nom *Jean Pénicheault*.

De retour à Schefferville, Lucien fait son rapport au commandant. Evidemment, il ne mentionne pas les cartouches en argent. Ni les rumeurs d'un loup-garou. Ni l'existence d'une médaille. Ça, c'est trop difficile à expliquer. Mais Lucien fait des recherches aux archives de la la Sûreté du Québec. Il découvre le dossier de Jean Pénicheault, villageois de Saint-Denis-du-Lac, disparu en Ontario il y a deux ans. Est-ce que Jean Pénicheault est le loup-garou ? Est-ce qu'il est de retour de l'Ontario ? Lucien Duval ferme le dossier. Pour lui, l'affaire est classée.

l'affaire est classée *case is closed*

Les gens de Saint-Denis-du-Lac disent que c'est André Leclerc qui a mis fin aux attaques du loup-garou. Comme tout le monde sait, un loup-garou se transforme d'homme en loup et de loup en homme à l'endroit où il cache ses vêtements. Quand on lui vole ses vêtements, et quand on les brûle, le loup-garou n'est plus capable de changer de forme. Il reste loup. Et il devient mortel°.

ACTIVITÉS DE LA SEPTIÈME PARTIE

Compréhension

A. *Ouf ! Il n'y a plus de loup-garou à Saint-Denis-du-Lac, mais nous avons toujours des questions !*

1. Comment est-ce que Lucien voit le loup ?
2. Pourquoi est-ce que Lucien garde le feu entre lui et le loup ?
3. Comment est-ce que le loup regarde Lucien ?
4. Comment est-ce que Lucien sait que le loup se prépare à l'attaque ?
5. Que fait Lucien alors ?
6. Qu'est-ce qui arrive quand les balles touchent le loup ?
7. Quelles cartouches est-ce que Lucien met alors dans son fusil ?
8. Pendant ce temps, que fait André Leclerc chez lui ?
9. Qu'est-ce qu'André et sa femme croient entendre quand les vêtements brûlent ?
10. Qu'est-ce qui arrive quand Lucien tire la troisième balle ?
11. Qu'est-ce que Lucien trouve autour du cou de ce loup ?
12. Quels détails est-ce que Lucien ne mentionne pas dans son rapport ?
13. D'après les gens de Saint-Denis-du-Lac, qui a vraiment mis fin aux attaques du loup ?
14. Comment est-ce qu'un loup-garou devient mortel ?

Communication

B. *Le monde des exemples*
1. Cherchez quelques exemples de médailles.
2. Donnez des exemples de rumeurs.
3. Est-ce que vous connaissez des dossiers de la police ou du gouvernement qui ne sont pas encore classés ? Donnez quelques exemples.

C. *Voilà votre dernière occasion de parler de cette histoire !*
1. Quels détails de cette histoire sont vraisemblables ? Et quels détails ne sont pas vraisemblables ? Pourquoi ?
2. Vous êtes André Leclerc et vous parlez de votre aventure avec un(e) ami(e). Présentez cette scène.
3. Vous êtes reporter à la télévision. Faites une interview avec Lucien Duval comme il rentre à Schefferville. Cherchez un volontaire pour jouer le rôle de Lucien.

Aventures à l'Internet

Sites suggérés:

1. *tout sur les loups*
   http://loups.de-france.org/

2. *tout sur les loups-garous*
   http://www.multimania.com/mysteres/loups.html

3. *tout sur le Québec*
   http://www.quebecregion.com

4. *le Nouveau Québec*
   http ://www.quebecweb.com/tourism/baiejames/intro franc.html

❖ ❖ ❖

Tokyo a Godzilla et New York un gros gorille. Et Paris? Les Parisiens pensent qu'il n'y a pas de monstres dans leur ville. Mais ce n'est pas vrai. Notre dernière histoire nous amène sous les rues de Paris. Et peut-être dans la gueule d'un monstre !

Le monstre dans le métro

I

Petit Vocabulaire

parisien/parisienne	- qui habite Paris, qui est de Paris
rouler	- Un train, une auto *roule* ; un poisson *nage* ; un homme *marche*.
à l'heure	- Le train de 8h00 arrive à 8h00 ; il arrive *à l'heure*.
en retard	- Le train de 8h00 arrive à 8h15 ; il arrive *en retard*.
la rame	- un train du métro : cinq voitures font une rame.

*P*aris est une ville magnifique ! C'est la capitale de la France et un grand centre de civilisation. À Paris il y a beaucoup de monuments touristiques : la tour Eiffel, le musée du Louvre, l'Opéra de la Bastille, la grande avenue des Champs-Elysées… La liste est longue !

Il y a aussi un Paris sous les rues. Ce Paris est sombre et mystérieux. Sous la ville de Paris il y a le Métro. Qu'est-ce que c'est ? Mais, évidemment, c'est… , c'est… Ah, vous n'êtes pas Parisiens°, vous ? Eh bien, écoutez !

Le métro à Paris est un moyen de transport extraordinaire. Il y a des trains qui roulent° dans les tunnels sous les rues. Le métro est rapide, ponctuel et confortable. Depuis son inauguration en 1900, la construction des stations continue. Aujourd'hui il y a deux cent quatre-vingt-dix stations ! Il y a aussi beaucoup de voyageurs dans le métro. Un très grand nombre de

ponctuel(le) *on time*

Parisiens prend le métro tous les jours, pour aller au travail et pour rentrer à la maison.

rentrer *to return*

En général, le métro fonctionne bien. Les trains arrivent à l'heure° et les gens ne sont pas en retard°. Mais un matin—mardi, le vingt octobre—il y a un événement étrange. A la station Place d'Italie, dans le tunnel de la ligne numéro cinq, la rame° de sept heures cinquante n'arrive pas. Et c'est là où commence l'histoire du monstre dans le métro !

ACTIVITÉS DE LA PREMIÈRE PARTIE

Compréhension

A. *Avez-vous compris ? Très bien ! Alors, répondez à ces questions, s'il vous plaît !*

1. Comment s'appelle le gros gorille qui terrifie New York ?
2. Pourquoi est-ce que Paris est une ville importante ?
3. Qu'est-ce qu'il y a sous les rues de Paris ?
4. Comment est le métro de Paris ?
5. Quel âge a-t-il ?
6. Combien de stations de métro est-ce qu'il y a ?
7. Quel jour commence l'histoire ?
8. Comment commence l'histoire ?

B. *Cherchez le mot qui manque. Les réponses sont dans le texte.*

1. Paris est une ville _____.
2. _____, _____ et _____ sont des monuments touristiques de Paris.
3. Les tunnels du métro sont _____ et _____.
4. Les trains _____ dans les tunnels.

C. *Cherchez les contraires des mots suivants. Ils sont dans le texte.*

1. petit
2. très peu
3. clair
4. ordinaire
5. lent
6. mal
7. sur
8. finir

Communication

D. *Donnez le nom*
   1. de trois villes importantes.
   2. de deux monuments touristiques américains.

E. *A vous de parler !*
   1. Vous êtes au cinéma. Vous regardez un film d'horreur. Le héros du film est un monstre. Votre amie ne regarde pas ! Décrivez le monstre. Utilisez les mots ci-dessous.

beau	chante	crie	attaque
grand	mange	laid	horrible

   « —Ah ! Le monstre est __1__ ! Il est très __2__ et très __3__. Une dame voit le monstre et elle __4__ ! Les agents de police arrivent. Le monstre __5__ les agents !»

   2. Vous êtes directeur/directrice de l'office de tourisme pour votre ville ou région. Faites une liste des monuments importants.

F. *Voilà un jeu ! Quels sont ces mots ?*
   1. rotém   4. uaeoucpb
   2. ratder   5. borsem
   3. amer

II

Petit Vocabulaire

le quai	- dans les stations, les gares : plate-forme où attendent les passagers
direction Bobigny	- les rames du métro portent les noms des deux stations terminus ; pour la ligne numéro cinq, c'est *Bobigny* et *Place d'Italie*.
Côte-d'Ivoire	- pays africain francophone
être naturalisé français	- devenir citoyen français
police judiciaire	- section de la police qui combat les crimes
le tableau d'affichage	- un panneau lumineux au-dessus du quai qui donne des informations sur les trains

Sur le quai° de la station Place d'Italie, Malou Bémako et son père attendent la rame de sept heures cinquante. Tous les matins ils prennent le métro à la ligne numéro cinq, direction Bobigny°. Malou va au lycée. Son père va travailler. Il est maintenant huit heures moins le quart.

Malou, c'est Marie-Louise. Ses parents viennent de Côte-d'Ivoire°. Maintenant, ils sont naturalisés° français. Malou aussi est française. Elle a quinze ans. Son père, Abdourramane Bémako, est inspecteur de police. Il travaille à la police judiciaire°.

A sept heures cinquante, Malou regarde le tableau d'affichage° pour voir si le train arrive bientôt. Rien. Le temps passe. Maintenant, il y a beaucoup de gens sur le quai.

— Quelle heure est-il, s'il vous plaît, Mademoiselle ? demande un homme à Malou.

— Euh… il est huit heures dix, Monsieur.

— Et toujours pas de train ! Merci, Mademoiselle.

L'inspecteur Bémako va au bord du quai et regarde attentivement dans le tunnel sombre.

— Tu vois quelque chose, Papa ? demande Malou.

— Non, rien. Et surtout pas de train.

— Qu'est-ce qui se passe ? Une grève ?   une grève *a strike*

Au même moment, on entend des cris. Les cris viennent du tunnel. Soudain des passagers sortent du tunnel à pied. Ils courent. Ils crient. Il y a des hommes, des femmes, des jeunes, des vieux, des enfants. Ils sont terrifiés. Ils crient :

— Quelle horreur ! C'est horrible ! Au secours !

— C'est peut-être un incendie, Papa ! crie Malou, qui a   un incendie *a fire*
peur elle aussi.

— Ou un accident, répond l'inspecteur, toujours calme.

Dans le tunnel de la ligne numéro cinq il y a un chantier de construction entre les stations Gare   un chantier de
d'Austerlitz et Saint-Marcel. C'est pour le nouveau   construction *a*
pont Charles-de-Gaulle qui traverse la Seine entre la   *construction site*
gare d'Austerlitz et la gare de Lyon. Et à cause de ces
travaux, il y a un trou dans le mur du tunnel, un trou   un trou *a hole*
assez grand pour laisser passer un gros monstre !   laisser passer *to let*
     through

ACTIVITÉS DE LA DEUXIÈME PARTIE

Compréhension

A. *VRAI ou FAUX ? Si la phrase a une erreur, corrigez-la !*
   1. Malou et son père attendent le métro sur la place d'Italie.
   2. Les parents de Malou sont de Corse.
   3. Malou a quinze ans ; elle est française.
   4. Monsieur Bémako est soldat dans l'armée.
   5. La rame de 7h50 arrive à l'heure.
   6. Il y a beaucoup de gens sur le quai de la station Place d'Italie.
   7. Les gens sur le quai entendent les cris d'un gros éléphant.
   8. Il y a des passagers qui entrent dans le tunnel !
   9. Il y a beaucoup de construction dans le tunnel de la ligne numéro cinq à cause du nouveau tunnel sous la Seine.
   10. Dans le mur du tunnel il y a un grand trou.

B. *Cherchez la préposition qui manque* (de, sur, dans, entre, sous).

    1. Les tunnels du métro sont _____ les rues.
    2. Le trou est _____ le mur.
    3. Le pont est _____ la gare d'Austerlitz et la gare de Lyon.
    4. Malou et son père sont _____ le quai.
    5. Les parents de Malou sont _____ Côte-d'Ivoire.

Communication

C. *A vous de parler !*

    1. La rame de 7h50 n'arrive pas. Imaginez pourquoi. Faites une liste de trois ou quatre raisons possibles.
    2. Décrivez Malou.

D. *Un peu de théâtre ! Présentez la scène sur le quai de la station. Rôles :* Malou, Monsieur Bémako, l'homme qui demande l'heure, des gens.

III

Petit Vocabulaire

sortir	- le contraire d'entrer
saisit : saisir	- prendre avec force
le mécanicien	- employé qui conduit le train
la préfecture de police	- le bureau central de la police à Paris

Maintenant, il y a beaucoup de confusion à la station. Tout le monde parle et crie à la fois.

— Attends-moi ici ! dit l'inspecteur Bémako à sa fille.

— Pourquoi ? Où vas-tu ?

— Je vais parler aux gens qui sortent° du tunnel.

tout le monde *everybody*
à la fois *at the same time*

L'inspecteur pose des questions aux passagers terrifiés.

— Qu'est-ce qu'il y a ? Un accident ? Un déraillement ?   le déraillement
  Pourquoi courez-vous ? Hé, vous, répondez-moi !   *derailment*
  Bémako, inspecteur de police ! Qu'est-ce qu'il y a ?

Mais les gens du tunnel ne répondent pas. Ils ont
trop peur ! Ils courent vers la sortie. Malou saisit° le   la sortie *exit*
bras d'une dame.

— S'il vous plaît, Madame ! Qu'est-ce qui se passe ?   qu'est ce qui se
                                                            passe ? *What's*
— Ah, Mademoiselle, c'est terrible !   *happening?*

— Quoi ?

— C'est un monstre ! Il y a un monstre énorme dans le
  tunnel !

Et la dame court vers la sortie.
L'inspecteur Bémako revient près de Malou.

— Qu'est-ce qu'il y a, Papa ? demande Malou. Cette
  dame-là dit que c'est un monstre.

— Je ne sais pas encore, Malou. Mais ce n'est pas un accident.

— Il faut téléphoner à la préfecture° de police !

— C'est vrai, Malou. Mais toi, tu vas sortir d'ici ! C'est
  dangereux.

Malou ne bouge pas. Elle reste là, sur le quai, près   bouger *to move*
de son père.
   Enfin le mécanicien° du train sort du tunnel et
monte sur le quai. Il est le dernier. Il voit l'inspecteur
Bémako et va vers lui. Malou écoute stupéfaite.

— Ah, vous êtes le mécanicien ! dit l'inspecteur Bémako. Répondez-moi ! Qu'est-ce qu'il y a dans le tunnel ? Où est votre rame ?

— Oh, Monsieur ! C'est un monstre ! Il attaque les
  trains ! Il mange les voitures ! Il a mangé deux belles
  voitures. CRAC, CRAC, et c'est fini ! Les voitures ont
  disparu !

ACTIVITÉS DE LA TROISIÈME PARTIE

Compréhension

A. *Vraiment ! Un monstre dans le métro, est-ce possible ?
Pensez à cette question et choisissez l'expression qui com-
plète le mieux les phrases ci-dessous.*

1. Les gens sortent du tunnel. Ils ne répondent pas aux
   questions de l'inspecteur Bémako parce qu'ils _____.
   a) sont en retard
   b) ont peur du monstre
   c) n'aiment pas les policiers.

2. Malou _____ le bras d'une dame.
   a) regarde   b) frappe   c) saisit

3. La dame dit qu'il y a _____ dans le tunnel.
   a) un monstre énorme
   b) un accident très grave
   c) une rame de métro

4. C'est _____ qui monte sur le quai le dernier.
   a) le monstre   b) le mécanicien   c) l'inspecteur

5. Dans le tunnel, le monstre _____ .
   a) mange les gens
   b) attaque les rats
   c) dévore les voitures de métro

B. *Rédaction guidée : Complétez les phrases avec un des mots
de la liste suivante.*

aller	courent	gens	monte
peur	sortent	terrifiés	le tunnel

L'inspecteur va parler avec les __1__ qui __2__ du tunnel. Mais les
passagers sont __3__. Ils __4__ à l'escalier pour __5__ dans la rue.
L'inspecteur voit le mécanicien qui __6__ sur le quai. Le
mécanicien a __7__ lui aussi. Il dit qu'il y a un monstre dans __8__

Communication

C. *À vous de raconter !*

1. Avoir peur de : *faites une liste de choses qui vous font peur.
   Exemple :* J'ai peur des chats, j'ai peur des autobus, etc.

2. Vous êtes reporter sur le quai. Vous parlez en direct à la télé. Complétez les phrases.

   a. Bonjour, téléspectateurs ! Je suis _____ (*Où, exactement ?*)
   b. A la station, il y a _____ (*Quoi ? Qui ?*)
   c. Un inspecteur _____ (*Qu'est-ce que l'inspecteur fait ?*)
   d. Tout le monde dit que _____ (*Quoi ?*)
   e. Apparemment, le monstre _____ (*Quoi ? Qu'est-ce que le monstre fait ?*)

D. *Jeu du Contraire : Trouvez dans le texte le contraire, l'opposé pour chaque expression.*

   1. ils entrent
   2. calmes
   3. redescendre
   4. petit
   5. le premier
   6. il répond aux questions

E. *Savez-vous faire des mots croisés? C'est simple comme bonjour ! Voilà comment faire .*

   1. Choisissez (par exemple) 8 mots de la troisième partie.
   2. Rangez les mots comme pour le jeu de Scrabble.
   3. Pensez à des définitions, exemples, contraires.
   4. Dessinez les cases blanches et les cases noires.
   5. Présentez votre jeu à vos camarades de classe !

IV

Petit Vocabulaire

si ! si !	- mais oui, au contraire !
une bête	- un animal (*a beast*)
et puis ?	- et après ?
Sauve qui peut !	- *Run for your life ! Every man for himself !*

*L*e mécanicien, terrifié, regarde dans le tunnel. Il y a maintenant seulement Malou, son père et le mécanicien sur le quai.

— Mais c'est absurde, dit l'inspecteur Bémako au mécanicien. Un monstre ? Ce n'est pas possible !

— Si, si ° ! C'est vrai ! répond le mécanicien. Nous arrivons où nous tournons à gauche, juste avant la station. Et voilà une grande forme sombre à côté des voitures dans le tunnel. Je vois que c'est un animal, une bête gigantesque, énorme, terrible. Une partie de la bête bloque les rails.

— Et puis° ? demande Malou.

Le mécanicien regarde la jeune fille.

— Et puis, Mademoiselle, j'arrête la rame et je dis à tout le monde de descendre du train. Et de courir ! Sauve qui peut° ! Je, je...

Le pauvre homme s'arrête. Il tremble.

s'arrête *stops*

— Donnez-moi une description de cet animal, Monsieur, dit l'inspecteur Bémako.

— Mais voyons, Monsieur l'inspecteur ! Le monstre est là dans le tunnel. Il va arriver à la station. Remontons dans la rue ! Sortons vite !

Soudain, un cri féroce vient du tunnel.

un cri *a scream*

— Au secours ! crie le mécanicien. Voilà le monstre !

Le mécanicien n'attend pas. Il court à l'escalier roulant et monte vite. À ce moment, il y a un grand CRAC ! Puis, les lumières disparaissent ! Malou et son père restent là, sur le quai, dans le noir le plus complet.

escalier roulant
    escalator

— C'est une panne d'électricité, dit l'inspecteur Bémako à sa fille. Ne bouge pas.

panne d'électricité
power failure

Tout est noir à la station Place d'Italie. Malou et son père entendent encore un cri horrible, *OU-HA* ! c'est le monstre !

ACTIVITÉS DE LA QUATRIÈME PARTIE

Compréhension

A. *Vous êtes dans le métro et il y a un monstre. Voilà des réponses. Regardez la liste ci dessous* (below), *et cherchez la question.*

1. Il a très peur.
2. Il y a seulement Malou, son père et le mécanicien sur le quai.
3. Il pense que c'est absurde, impossible.
4. Il est énorme, gigantesque.
5. Il bloque le tunnel et attaque la rame de métro.
6. Il y a une panne d'électricité.

Questions possibles :

a. Combien de gens sont sur le quai ?
b. Qu'est-ce que le monstre fait dans le métro ?
c. Comment est le mécanicien ?
d. Qu'est-ce que l'inspecteur pense de l'idée d'un monstre ?
e. Pourquoi est-ce que tout est noir à la station ?
f. Comment est le monstre ?

B. *Cherchez la réponse qui ne va pas.*

1. Le monstre est _____ .
   a) énorme   b) terrible   c) amusant

2. Le mécanicien _____ .
   a) a peur   b) attaque le monstre   c) est terrifié

3. Malou _____ .
   a) monte dans la rue avec les gens
   b) reste sur le quai avec son père
   c) entend les cris du monstre

4. L'inspecteur Bémako _____ .
   a) pose des questions
   b) demande une description du monstre
   c) attaque le mécanicien

Communication

C. *Jouez le rôle du mécanicien. L'inspecteur (un autre étudiant)*
   pose des questions. Comment est-ce que vous répondez ?
   Alternez les rôles.

   1. Vous êtes le mécanicien ?
   2. Où est votre rame ?
   3. Qu'est-ce qu'il y a dans le tunnel ?
   4. Comment est le monstre ?
   5. Que fait le monstre ?
   6. Vous avez peur ?

V

Petit Vocabulaire

sentent : sentir	- savoir par le nez ; "On sent la bonne soupe." *(to smell and/or to sense)*
puer	- sentir très mauvais *(to smell very bad)*
la foule	- un grand nombre de personnes

Dans l'obscurité, le monstre traverse lentement la
station. Malou et son père ne voient rien, mais ils sen-
tent° le monstre.

— Pouah ! Il pue° , cet animal ! dit Malou.

— Chut ! dit l'inspecteur Bémako. Allons à l'escalier
   roulant. Mais doucement !

L'escalier roulant ne fonctionne pas à cause de la
panne d'électricité. Malou et son père prennent
l'escalier. Ils montent vite dans la rue. Les bruits du
monstre cessent.   cesser *to stop*

Sur la place d'Italie, Malou voit la foule° terrifiée.
L'inspecteur Bémako parle avec quelques personnes,
mais il ne comprend pas très bien : tout le monde
parle en même temps.

— Papa, dit Malou, demande de l'aide !

L'inspecteur Bémako prend son téléphone portable et appelle la préfecture de police. Il demande le chef de service.

— Allô ? Ici l'inspecteur Bémako. Je suis sur la place d'Italie. Envoyez des agents tout de suite ! Il y a un monstre dans le métro !

— Vous n'êtes pas sérieux, inspecteur ?

— Si, si ! Il y a un monstre.

— Mais c'est impossible, Bémako ! répond le chef. Il n'y a pas de monstres à Paris !

— Si, si ! Écoutez un peu ! Vous entendez les gens ? Ils sont tous sortis du métro. Et ils disent tous qu'il y a un monstre dans le tunnel.

— Alors, ils sont tous fous !

— En tout cas, j'ai besoin d'aide. Il y a un grand désordre sur la place.

in any case

— D'accord. J'envoie des voitures et des agents. Restez là, s'il vous plaît, Bémako.

d'accord O.K.

L'inspecteur Bémako remet l'appareil dans sa poche.

— On vient chercher le monstre, Papa ? demande Malou.

— Non, je ne crois pas. Le chef de service pense que je suis fou.

ACTIVITÉS DE LA CINQUIÈME PARTIE

Compréhension

A. *Il y a un monstre dans le métro, la police n'arrive pas. Tout le monde raconte ce qui se passe… et tout le monde a tort (is wrong) ! Alors,… faites les corrections nécessaires.*

 1. Tout est illuminé quand le monstre traverse la station Place d'Italie.
 2. Malou et son père voient le monstre.
 3. Le monstre sent très bon.
 4. Malou et son père prennent l'escalier roulant.
 5. Les gens sur la place sont très calmes.
 6. L'inspecteur Bémako cherche une cabine téléphonique au café pour téléphoner à la préfecture.
 7. Le chef de service prend au sérieux l'idée d'un monstre dans le métro.
 8. Le chef de service envoie des autobus et des taxis sur la place d'Italie.

B. *Quel est le mot qui manque ?*

 1. Le monstre a une odeur abominable ; il _____ .!
 2. Il y a une panne. La station est dans _____ .
 3. Il y a une _____ de gens terrifiés sur la place d'Italie.
 4. Le chef de service pense que Bémako n'est pas _____ .
 5. L'inspecteur Bémako remet l'appareil dans _____ .

C. *Vous aimez chercher les contraires dans le texte, n'est-ce pas ? Alors, allez-y !*

 1. immédiatement   4. vite
 2. sentir bon   5. l'ordre
 3. cesser

Communication

D. *Malou et son père sentent le monstre, et il sent très mauvais ! C'est votre tour maintenant !*

 1. Donnez des exemples de choses qui sentent bon.
 2. Donnez des exemples de choses qui sentent mauvais, qui puent.
 3. Pour vous, quelle est l'odeur la plus délicieuse ?
 4. Pour vous, quelle est l'odeur la plus abominable ?

E. *Jouons un peu ! Vous savez comment jouer au* "hangman" *?*
   Eh bien, notre jeu, «Le monstre attaque !» est semblable.

   1. Choisissez un mot de la Cinquième Partie.
   2. Faites au tableau un tiret pour chaque lettre de votre mot.
   3. Dessinez cinq cases.
   4. Pour chaque faute, mettez un "x" dans une case.
   5. Quand l'adversaire a fait cinq fautes, LE MONSTRE ATTAQUE !

VI

Petit Vocabulaire

une bouche de métro	- une entrée du métro
un plan (du métro)	- une carte qui montre les lignes et les stations du métro
faire la correspondance	- changer de ligne pour continuer son voyage sur une autre ligne. (*une correspondance* : station où on peut changer de train)
la RATP	- l'organisation des transports parisiens (*Régie Autonome des Transports Parisiens*)
les heures de pointe	- les heures où un grand nombre de personnes vont au travail ou rentrent à la maison

Après quelques minutes, on entend le klaxon des voitures de police, *DI-DA !*, *DI-DA !*, *DI-DA !* les agents de police arrivent sur la place d'Italie. Les agents calment les gens. Avec l'inspecteur Bémako ils bloquent les bouches° du métro sur la place.

Malou, elle, cherche un plan du métro. Il y a un grand plan près de la bouche du métro. Dans son cahier d'école, Malou fait une copie d'une partie du plan. Elle va chercher son père.

— Regarde, Papa. Le monstre est dans le tunnel de la ligne numéro cinq. Il vient de la station Campo-Formio. Mais cette ligne ne continue pas après la place d'Italie.

— Alors, le monstre va changer de tunnel.

— Oui, comme tout le monde, il fait la correspondance°
avec une autre ligne.

— Mais avec quelle ligne, Malou ? Et en quelle direction ? Il y a quatre possibilités.

— Papa, demande aux policiers d'attendre le monstre
aux stations Corvisart, Gobelins, Nationale et Tol-
biac. Il va arriver à une de ces stations, c'est sûr.

— Très bien, Malou.

L'inspecteur Bémako parle à la préfecture de police.
Il demande aussi à la RATP° d'arrêter les trains des
lignes cinq, six et sept. Maintenant il faut attendre la
prochaine attaque du monstre.   prochain(e) *next*

Il est huit heures vingt-cinq. C'est l'heure de pointe°   heure de pointe
à Paris. L'attaque du monstre dérange la routine de   *rush hour*
beaucoup de Parisiens.

Dans le tunnel sombre, la bête gigantesque reste
seule. Le monstre passe d'une ligne à l'autre. Il creuse   creuser *to dig*
des trous dans le mur du tunnel. Le monstre cherche
d'autres rames à manger. Avec beaucoup de bruit il
entre dans un autre tunnel et va vers une autre station.
Mais… vers quelle station ?

ACTIVITÉS DE LA SIXIÈME PARTIE

Compréhension

A. *Ah ! La police arrive ! Et pour vous, voilà quelques questions.*

1. Qu'est-ce qui fait *DI-DA, DI-DA, DI-DA* ?
2. Pourquoi est-ce que Malou cherche le plan du métro ?
3. De quelle station est-ce que le monstre vient ?
4. Quelles sont les stations après Place d'Italie ?
5. La RATP arrête les trains de quelles lignes ?
6. Pourquoi est-ce que la décision de la RATP dérange
   beaucoup de Parisiens ?
7. Comment est-ce que le monstre passe d'une ligne à l'autre ?
8. Qu'est-ce que le monstre cherche ?

B. *Pour changer un peu, voilà des phrases à trois réponses.*
   Quelle réponse ne va pas ?

   1. Le plan montre ____ du métro.
      a) les lignes   b) les stations   c) les rames

   2. On ne change pas de train ____.
      a) à une station de correspondance
      b) dans le tunnel
      c) sur la place d'Italie

   3. ____ est une station de métro.
      a) Gobelins   b) la Préfecture   c) Corvisart

   4. Le monstre ____ un trou dans le mur.
      a) voit   b) creuse   c) couvre

   5. Les policiers ____.
      a) arrivent vite sur la place d'Italie
      b) bloquent les bouches du Métro
      c) arrêtent le monstre dans le tunnel

C. *Voilà des réponses. Cherchez la question !*

   1. Ils calment les gens.   ____
   2. Elle cherche un plan du Métro.   ____
   3. Il est sorti du tunnel de la ligne numéro 5.   ____
   4. Il demande à la RATP d'arrêter les trains.   ____
   5. Ce sont les heures de pointe.   ____

   Et voilà les questions :
   a. D'où est-ce que le monstre est arrivé ?
   b. Qu'est-ce que les agents font sur la place d'Italie ?
   c. Comment s'appellent les heures où beaucoup de gens vont
      travailler ?
   d. Qu'est-ce que l'inspecteur Bémako demande à
      l'administration des transports de faire ?
   e. Qu'est-ce que Malou fait pour aider son père ?

Communication

D. *Rédaction guidée : Vous êtes le monstre. Complétez ces*
   phrases.

   1. Je suis ____
   2. J'ai ____
   3. J'aime manger ____
   4. Je n'aime pas ____
   5. Pour changer de tunnel, je ____

E. *A vous !*

1. Cherchez un plan du Métro de Paris. Combien de lignes est-ce qu'il y a ?
2. Cherchez les lignes 5, 6 et 7. Cherchez où sont les stations mentionnées dans l'histoire.

VII

Petit Vocabulaire

l'Autorité   - la préfecture, (familier) quand vous parlez à la radio ou au téléphone.

entendu !   - d'accord !, okay !

A huit heures et demie, le téléphone portable de l'inspecteur Bémako sonne. C'est la police ! Le monstre traverse la station Gobelins !

— Ah ! Le tunnel n'a pas de correspondances entre Gobelins et Jussieu, dit Malou à son père.

— Vite, en voiture ! dit l'inspecteur Bémako à Malou.

Ils montent dans une voiture de police. La voiture descend l'avenue des Gobelins à toute vitesse. Son klaxon fait *DI-DA, DI-DA*.

— Nous allons à la station Gobelins, Inspecteur ? demande l'agent qui conduit.

— Non, allez à Jussieu. Nous allons bloquer la route au monstre là-bas.

L'inspecteur prend le micro et parle, —Inspecteur Bémako à l'Autorité°!

— L'Autorité… continuez, dit une voix à la radio.

— Envoyez vos agents à la station Jussieu. Je suis déjà
en route.

en route *on my way*

Dans la voiture, la radio annonce que le monstre est
à la station Place-Monge. Il détruit deux rames de la
ligne numéro sept.

A l'entrée de la station Jussieu, il y a beaucoup
d'agents de police qui attendent l'inspecteur Bémako.

— Descendez sur les quais ! dit Bémako quand il arrive.
Bloquez le passage au monstre !

Sans permission, Malou descend aussi sur le quai.
Elle voit une rame écrasée mais pas de monstre.

écrasé(e) *crushed*

— Papa ! crie Malou à son père. Le monstre n'est pas
ici ! Il continue dans le tunnel !

— Zut ! Il y a trois directions possibles après la station
Jussieu ! Où va le monstre maintenant ?

— Hé, Inspecteur ! dit un agent qui tient un téléphone
mobile. C'est la station Cardinal-Lemoine : le monstre est là !

— Bon ! En voiture, tout le monde ! crie l'inspecteur
Bémako. Malou ! Où est ton plan du métro ?

— Le voilà, Papa.

L'inspecteur regarde le plan un moment. Puis il sort
son téléphone de sa poche :

— L'Autorité, Bémako ici !

— Oui, Bémako, qu'est-ce qu'il y a ?

— Envoyez des agents aux stations Cluny-Sorbonne et
Odéon. Le monstre continue dans le tunnel de la
ligne dix !

— Entendu°, Bémako.

ACTIVITÉS DE LA SEPTIÈME PARTIE

Compréhension

A. *Est-ce que la police va attraper le monstre ? Est-ce que vous allez faire cet exercice ? Voilà une liste de mots. Employez chaque mot dans une phrase.*

sonne	détruit	continue
entre	klaxon	descendez
écrasée	micro	là

   1. Le monstre _____ dans le tunnel.
   2. Le monstre _____ deux rames de la ligne sept.
   3. Le téléphone mobile _____.
   4. Zut ! Le monstre n'est pas _____.
   5. Le _____ fait DI-DA, DI-DA !
   6. Malou voit une rame _____ à la station.
   7. L'inspecteur Bémako parle au _____.
   8. Le monstre est _____ Gobelins et Jussieu.
   9. _____ sur les quais ! dit l'inspecteur.

B. *Cherchez les contraires des mots suivants. Relisez le passage : ils sont tous là.*

   1. lentement
   2. il construit
   3. pas encore
   4. à la sortie

C. *VRAI ou FAUX ? Si la phrase a une erreur, corrigez-la !*

   1. Le monstre reste longtemps à la station Gobelins.
   2. Entre Gobelins et Jussieu il y a des correspondances.
   3. Malou et son père prennent le métro pour aller à la station Jussieu.
   4. A la station Place-Monge, le monstre détruit deux rames.
   5. Le monstre attend les agents à la station Jussieu.

Communication

D. *A vous !*

   1. Cherchez sur le plan du métro les stations mentionnées dans ce passage.
   2. Faites des recherches sur l'origine du métro de Paris.

VIII

Petit Vocabulaire

une équipe	- groupe de personnes qui travaillent ensemble ; exemple : une équipe de football
un téléspectateur	- une personne qui regarde un programme à la télévision

A la station Cluny-Sorbonne, les agents de police attendent sur le quai. Ils entendent les cris du monstre, *OU-AH ! OU-AH !*. Le quai tremble. Soudain, une forme terrifiante sort du tunnel : c'est le monstre ! Plus   terrifiant *terrifying* long qu'une rame de métro, l'énorme bête avance rapidement. Les agents tirent sur le monstre, mais sans effet. Un animal qui mange les voitures n'est pas tendre ! Le monstre continue dans le tunnel vers la station suivante, Odéon.

L'inspecteur Bémako et Malou arrivent justement   justement *just then* dans la rue au-dessus de la station Odéon. Il y a des journalistes devant l'entrée de la station. Ils posent des questions. L'inspecteur Bémako ne répond pas.

— Hé, Bémako ! dit un policier. Il y a un journaliste sur le quai en bas avec une équipe° de télévision.

— C'est qui ? demande Malou, curieuse.

— Claude Moucheron.

— Ah non, pas lui ! dit Bémako, irrité. C'est un idiot ! Malou, reste dans la voiture. Je descends.

Et Bémako descend vite l'escalier. Malou ne reste pas dans la voiture de police. Elle descend l'escalier derrière son père.

En bas, la station est très éclairée à cause des caméras. Le reporter Claude Moucheron est au bout du quai, le micro à la main.

— Madame, Monsieur, bonjour ! dit Moucheron.

Il regarde dans l'objectif de la caméra et il parle aux téléspectateurs°. *l'objectif lens*

— Claude Moucheron ici en direct. Je suis à la station *en direct live*
de métro Odéon. En ce moment la police recherche
un énorme animal—un monstre—dans ce tunnel du
métro. Moi, je vais dans le tunnel pour découvrir la
vérité. Est-ce un animal gigantesque, ou une autre
fantaisie de la police ?

Claude Moucheron, très chic dans sa gabardine bleu *gabardine raincoat*
foncé, prend le micro et descend le petit escalier de *bleu foncé dark blue*
service sur les rails. Son cameraman va avec lui dans
le tunnel.
— Arrêtez cet idiot ! crie Bémako, mais trop tard.
Moucheron est déjà dans le tunnel.

ACTIVITÉS DE LA HUITIÈME PARTIE

Compréhension

A. *À votre avis, est-ce que Claude Moucheron est brave ou fou ?*
   En tout cas, choisissez VRAI ou FAUX pour chaque phrase.
   Faites les corrections nécessaires.

   1. Le monstre est plus long que les Champs-Elysées.
   2. L'inspecteur Bémako aime parler avec les journalistes.
   3. Claude Moucheron est aussi inspecteur de police.
   4. L'inspecteur Bémako pense que Claude Moucheron est un
      homme très gentil.
   5. La station Odéon est très claire parce qu'il n'y a plus de
      panne.
   6. Pour faire son interview, Claude Moucheron reste sur le
      quai.
   7. Claude Moucheron pense que le monstre est peut-être
      imaginé par la police.

8. Dans le tunnel, Claude Moucheron fait un enregistrement *recording*
   pour la télévision.
9. Le caméraman reste sur le quai.
10. L'inspecteur Bémako désire accompagner Claude
    Moucheron dans le tunnel.

B. *Complétez les phrases d'après le texte.*

1. Le quai _____ parce que le monstre arrive.
2. Les agents _____ sur le monstre.
3. Un animal qui mange les trains n'est pas _____ !
4. Claude Moucheron porte un manteau _____.
5. Le téléjournaliste va dans le tunnel pour découvrir _____.

Communication

C. *Le monde des exemples. Trouvez*

1. quelque chose qui est plus long qu'un train.
2. quelque chose qui est plus grand que le monstre.
3. quelqu'un qui est très chic.
4. un/une journaliste à la télévision.
5. un animal imaginaire.

D. *Parlons un peu ! Vous êtes le téléjournaliste. Vous entrez
dans le tunnel pour chercher le monstre. Votre patron (un
autre étudiant) pose des questions. Répondez. Alternez les
rôles.*

1. Où êtes-vous exactement ?
2. Qu'est-ce que vous voyez ?
3. Où est-ce que vous allez ?
4. Qui va dans le tunnel avec vous ?
5. Est-ce que c'est dangereux ?
6. Est-ce que vous croyez que le monstre existe ?

IX

Petit Vocabulaire

un talkie-walkie	- un poste de radio émetteur-transmetteur portatif
silencieux/silencieuse	- qui ne fait pas de bruit
euh…	- marque une hésitation

— **P**apa ! dit Malou. Il y a un écran de télévision ici. On peut regarder le reporter.

— Malou, tu ne restes donc jamais dans la voiture ? demande son père. Reste près de moi.

Sur l'écran, on voit Moucheron avec difficulté. Le tunnel est très sombre.

— Monsieur l'inspecteur, dit un employé de la télévision, voilà un talkie-walkie°. C'est pour communiquer avec Moucheron.

— Bon, merci. Allô, allô ! Moucheron, vous êtes là ?

— Oui, j'écoute.

Sur l'écran, on voit Moucheron. Il fait un geste de la main.

— C'est l'inspecteur Bémako ici. Qu'est-ce que vous faites ?

— Ah, bonjour, Bémako ! Je continue dans le tunnel. Tout est sombre, tout est silencieux°.

— Et le monstre, il est là ?

— Non, pas encore. Mais dites, Bémako, il est dangereux, votre monstre ?

— Euh°… il mange les voitures du métro… et… euh… il ne semble pas manger les gens. Mais c'est un énorme animal, alors…

il ne semble pas it doesn't seem

— Merci. Ça me rassure ! dit Moucheron. Il sourit à l'écran. — Attendez, je vais un peu plus loin et… Dieu ! Quelle odeur abominable !

ça me rassure it is reassuring

— C'est lui ! crie Malou. C'est le monstre. Il pue comme ça !

— N'allez pas trop loin, Moucheron ! dit l'inspecteur Bémako. Nous ne savons rien sur ce monstre.

— Ah ! Voilà le monstre ! Mais comme il est laid !

— Vous voyez le monstre ? Dites donc, Moucheron, comment est-il ?

— Madame, Monsieur, commence Moucheron, qui parle maintenant pour la télévision, je vous présente en direct les premières images du monstre. Le tunnel est sombre et je ne vois pas très bien, mais je vois un animal gigantesque. Il est bleu... oui, il est bien bleu ! Je ne vois pas de jambes, ni de bras. Et pour les yeux, je ne sais pas... ah, si ! Je vois des points jaunes qui brillent. Ce sont ses yeux, je crois. Deux, trois, quatre... il y a au moins quatre points jaunes. Le monstre n'a pas de vraie tête. Hum ! Tout le devant du monstre est une bouche gigantesque. Autour de cette bouche il y a des tentacules. Ah ! Le monstre ouvre maintenant la bouche ! Mais attention ! Il vient vers moi !

le devant *front*

A ce moment, le cameraman laisse tomber sa caméra. L'écran sur le quai est tout noir.

— Courez, Moucheron, courez ! crie Bémako dans le talkie-walkie.

Dans le tunnel, le monstre pousse des cris terribles !

ACTIVITÉS DE LA NEUVIÈME PARTIE

Compréhension

A. *Toutes ces réponses sont fausses ! D'abord, cherchez la question. Ensuite, corrigez la réponse d'après l'histoire.*

   RÉPONSES FAUSSES :

   1. Il voit Moucheron à la radio.
   2. Il est très clair.
   3. Il sent les voitures de métro.
   4. Il est grand et vert.
   5. Le journaliste travaille pour la police.

6. Au moins dix-huit ! Et ils sont rouges !
7. Il a six jambes et des bras comme un gorille.
8. Elle est comme le visage d'un clown.

QUESTIONS :
a. Le monstre a combien d'yeux ?
b. Qu'est-ce que Moucheron sent ?
c. Est-ce que le monstre a des jambes, des bras ?
d. Comment est-ce que l'inspecteur Bémako voit le journaliste ?
e. D'après Moucheron, comment est la tête du monstre ?
f. Pourquoi est-ce que Moucheron va dans le tunnel ?
g. De quelle couleur est le monstre ?
h. Comment est le tunnel à la station Odéon ?

B. *Récapitulation : Mettez les mots justes dans les tirets pour raconter l'histoire.*

Claude Moucheron est __1__ . Il va dans __2__ avec __3__ . Moucheron trouve que le tunnel n'est pas __4__ . L'inspecteur Bémako pense que le monstre est __5__ parce que c'est un animal __6__ . Moucheron ne voit pas __7__ dans le tunnel, il __8__ le monstre ! Ah ! Voilà le monstre ! D'après Moucheron, le monstre a des __9__ autour de sa bouche.

Communication

C. *Voilà une conversation avec l'inspecteur Bémako. Vous entendez les questions. Quelles sont ses réponses ?*

1. Est-ce que le téléjournaliste est sorti du tunnel ?
2. Votre fille reste dans la rue ?
3. Comment est-ce que vous parlez avec le téléjournaliste ?
4. Est-ce que le téléjournaliste fait un enregistrement pour la télévision ?
5. Qu'est-ce que vous entendez dans le tunnel ?

RÉPONSES :
a. J'ai un talkie-walkie.
b. Ce sont les cris du monstre et de Moucheron.
c. Non, il continue à avancer.
d. Non, il parle en direct.
e. Ah, non ! Elle est ici sur le quai avec moi.

D. *C'est à votre tour maintenant !*

    1. Faites une bonne description du monstre. Quels détails supplémentaires avons-nous maintenant ?

    2. Faites un dessin du monstre.

X

Petit Vocabulaire

avoir de la chance	- être fortuné
la circulation	- toutes les voitures dans les rues
le/la même	- *contraire* : différent

Claude Moucheron a de la chance° : il n'est pas fait de métal. Le monstre avance vite et ne fait pas attention au journaliste. Il passe à côté de lui et de son caméraman et continue vers la station.

Sur les quais, les agents de police voient arriver le monstre. Ils tirent : CRAC ! CRAC ! Les balles touchent le monstre, mais ne lui font pas mal. En fait, les balles sont en métal ; elles sont comme des bonbons pour le monstre.

Le monstre traverse la station et disparaît dans l'autre tunnel. Il continue le long de la ligne numéro dix.   le long de *along*

— Papa ! dit Malou.

Elle tient l'appareil de téléphone. C'est le préfet de police. Bémako prend l'appareil

— Allô, oui ?

— Ecoutez, Bémako, dit le préfet, nos agents sont incapables de combattre ce monstre. Je fais appel aux forces nationales.

— A l'armée ?

— Oui, c'est ça. Nous avons besoin d'armes plus fortes. Où est-ce qu'il va, ce monstre ?

L'inspecteur Bémako regarde un instant le plan du
Métro sur le mur de la station.

— Euh, voyons, nous sommes à Odéon. Il n'y a pas de
    correspondance avant Sèvres-Babylone. Donc,
    placez les soldats là, et alertez les autres stations en
    correspondance avec Sèvres-Babylone. Moi, j'y vais   j'y vais *I am going*
    aussi.   *there*

Encore une fois l'inspecteur Bémako et sa fille
roulent dans les rues de Paris. La circulation° est difficile, surtout parce que le métro ne fonctionne pas. Ils
prennent le boulevard Saint-Germain, puis tournent à
gauche, rue de Sèvres. Dans la rue ils voient des
voitures militaires. Soudain, le téléphone sonne.

— Bémako ! Ici Dupin, préfet de police. Votre fameux
    monstre ne s'arrête pas ! Il continue vers la station
    Duroc.

— Bon ! Alors nous allons à Duroc.

— D'accord ! Les militaires vont préparer une petite
    surprise pour le monstre là-bas.

Bémako dit au chauffeur de continuer, et la voiture
descend la rue de Sèvres au plus vite.

Le téléphone sonne encore une fois. Un agent de
police sur la place de la Concorde dit qu'il entend le
monstre !

— Tonnerre de chien ! crie Bémako. Ce n'est pas possi-
    ble ! Ou alors… combien de monstres est-ce qu'il y a ?

Malou regarde son père, surprise.

L'inspecteur Bémako téléphone à la préfecture pour
vérifier.

— Il vient de quelle direction, ce monstre ?

— On l'a vu à la station Gare d'Austerlitz, ligne numéro   on l'a vu *it was seen*
    5, puis aux stations Bastille, Hôtel-de-Ville, et Louvre,
    ligne numéro un, répond le chef de service.

— Et les résultats ?

— Les mêmes : une rame de métro mangée et deux trains écrasés qui bloquent les tunnels. Le monstre continue son parcours. Impossible d'arrêter la bête.

À la station Duroc, les soldats lancent des grenades quand le monstre arrive. *TCHIC... BOUM ! TCHIC... BOUM !* Et le monstre crie : *OU-AH ! OU-AH !* Les soldats tremblent. Le monstre trouve une rame de métro à la station et mange une voiture. Après, il disparaît dans le tunnel. Bémako reçoit les nouvelles avec consternation.

consternation
dismay

— Attention, station La Motte-Piquet ! crie l'inspecteur Bémako dans son téléphone. Le monstre vient vers vous !

ACTIVITÉS DE LA DIXIÈME PARTIE

Compréhension

A. *Tonnerre de chien ! Combien de monstres est-ce qu'il y a ? Et combien d'exercices ? Ici, il y a des phrases à tirets. Cherchez les most justes.*

1. Le monstre _____ à Claude Moucheron.
2. Les balles _____ au monstre.
3. Les balles sont comme des _____ pour le monstre.
4. Le préfet fait appel à _____.
5. La prochaine station est _____.
6. Après Odéon, les militaires attendent le monstre à _____.
7. Un agent sur la place de la Concorde rapporte _____.
8. Dans le métro, les soldats lancent _____.
9. Les grenades _____ mal au monstre.
10. Bémako reçoit les nouvelles de la place de la Concorde avec _____.

B. *Cherchez quelques exemples.*

1. d'armes
2. de bonbons

C. *Rédaction guidée : Cherchez le mot juste.*

Un __1__ de police sur la place __2__ téléphone pour rapporter l'existence d'un __3__ . L'inspecteur Bémako est __4__ . La première station où on voit l'autre animal est __5__ . Ah non ! Il est __6__ d'arrêter la bête !

Communication

D. *Interview avec un soldat : Vous êtes un soldat à la station Duroc. Répondez aux questions d'un journaliste (un autre étudiant) qui vous parle au téléphone. Alternez les rôles.*

1. Où est-ce que vous êtes maintenant ?
2. Est-ce que vous avez des armes ?
3. Est-ce que vous avez peur ?
4. D'après la police, comment est le monstre ?
5. Qui est sur le quai ?
6. Qu'est-ce que vous faites ?
7. Est-ce que les grenades arrêtent le monstre ?
8. Est-ce que vous croyez qu'il y a vraiment un monstre dans le métro ?

XI

Petit Vocabulaire

RER   - (Réseau Express Régional) un supermétro à
                           Paris et dans la banlieue (the *suburbs*)
un spot   - petit projecteur pour illuminer une pièce
avoir envie (de)   - désirer

— **O**ù est l'autre monstre ? demande l'inspecteur Bémako au chef de service à la préfecture.

— Minute, Bémako, je vérifie... ah, c'est ça ! L'autre monstre attaque un train du RER à la station

Invalides. Un moment, s'il vous plaît, j'écoute la radio. Ah ! Les soldats sont incapables d'arrêter le monstre. Il continue dans le tunnel de la ligne numéro huit.

— Et le premier monstre ?

— Lui, il est maintenant à la station La Motte-Picquet-Grenelle. Et il va dans le tunnel de la ligne numéro huit, lui aussi !

Deux monstres à Paris, incroyable ! Incroyable, mais vrai ! Et les deux monstres sont dans le même quartier de la ville. Est-ce qu'ils ont rendez-vous l'un avec l'autre ?

le quartier *neighbor hood*
un rendez-vous *a meeting*

— Papa, dit Malou, regarde ! Ecole-Militaire est la station suivante.

— Il va vers le Champ de Mars, dit le chef de service.

— La tour Eiffel est tout près !, dit Malou.

— Ah, non ! dit Bémako. Pas la tour Eiffel !

— Il faut arrêter les monstres !

L'inspecteur Bémako parle à l'agent qui conduit la voiture : —Allez vite à la station Ecole Militaire !

Bémako annonce à la radio la destination des monstres. En quelques minutes, toute une armée de soldats, d'agents et de reporters va à la station Ecole Militaire. Il y a des voitures partout ; les gens courent de tous les côtés. On entend le monstre dans le tunnel *OU-AH ! OU-AH*.

Malou descend sur le quai avec son père. Elle tient toujours son plan du Métro. La station est sombre. Quelques spots° illuminent les quais.

— Où est-il ? demande Bémako à un officier.

— Le monstre est arrêté là-bas, dans le tunnel.

— Qu'est-ce qu'il fait ?

— Nous ne savons pas. Il attend, peut-être.

Soudain, on entend les cris du deuxième monstre : *AH-OU ! AH-OU !* Le premier monstre répond : *OU-AH ! OU-AH !* Oh ! Voilà le deuxième monstre qui arrive à la station. Ce deuxième animal est aussi énorme que le premier. Il est difficile de voir clairement le monstre. Malou voit seulement une grande forme comme un ver géant.

Le premier monstre entre aussi dans la station et passe vite devant les quais. Les deux monstres disparaissent dans le tunnel qui mène à la station suivante.

disparaissent *disappear*

Les soldats suivent les monstres. Ils ont des grenades et une bombe.

— Nous avons aussi des soldats qui entrent par l'autre bout du tunnel, de la station La Tour-Maubourg, dit un officier.

le bout *the end*

— Et qu'est-ce que vous allez faire ? demande Malou.

— Eh bien, nous allons fermer le tunnel.

— Mais, c'est un tunnel du métro ! crie l'inspecteur Bémako.

— Ce n'est pas moi qui décide, Monsieur l'Inspecteur. J'ai mes ordres.

Alors les soldats préparent les explosifs dans le tunnel. Dans l'obscurité, ils voient un grand trou dans le mur du tunnel. Ils voient aussi que les deux monstres entrent dans le trou et disparaissent de vue.

— C'est très profond ! dit un des soldats.

— Oui, dit son copain, on ne voit pas le fond !

Les soldats mettent les explosifs autour du trou et courent. Après quelques minutes, il y a un grand BOUM ! Le plafond du tunnel tombe et des tonnes de pierres bloquent le trou. L'attaque des monstres est finie !

— Et toi, Malou, demande Bémako à sa fille, tu es en retard pour l'école, n'est-ce pas ?

— Euh… , non, Papa, dit Malou. Je n'ai pas envie° d'aller au lycée aujourd'hui. Je suis épuisée ! Après cette attaque des monstres, je vais passer le reste de la journée dans ma chambre !

épuisé(e) *exhausted*

Pendant ce temps, dans le trou sous le métro, tout au fond, Oubac, le premier monstre, parle à sa femme, Quiniche :

— Je n'aime pas du tout Paris ! Il y a beaucoup de confusion, et puis ces voitures ont mauvais goût ! L'année prochaine, nous allons au bord de la mer comme tout le monde !

— Oui, chéri, dit sa femme. Tu as raison. Ils sont fous, ces Parisiens !

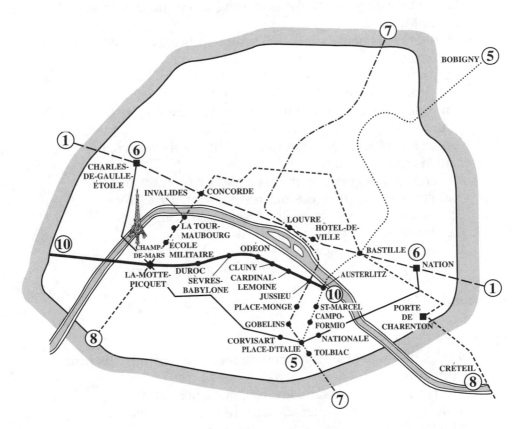

ACTIVITÉS DE LA ONZIÈME PARTIE

Compréhension

A. *Nous sommes à la fin de l'histoire ! Alors, vous comprenez tout, n'est-ce pas ? Voilà des phrases. Décidez si c'est VRAI ou FAUX. Si c'est faux, faites les corrections nécesaires.*

1. Les deux monstres sont dans le tunnel de la ligne numéro treize.
2. L'inspecteur Bémako pense que les monstres sont dans le même tunnel par accident.
3. La cathédrale Notre-Dame-de-Paris est près de la station Ecole Militaire.
4. La tour Eiffel peut intéresser les monstres parce qu'elle est très grande.
5. La station Ecole Militaire est bien illuminée.
6. Pour toute lumière à la station il y a des bougies.
7. Un monstre fait *OU-OU-OU*, l'autre monstre fait *DI-DA-DI-DA*.
8. Entre les stations Duroc et Ecole Militaire il y a un trou dans le mur du tunnel.
9. Le trou est trop petit pour laisser passer un monstre.
10. Les soldats cherchent des pierres pour fermer le trou.
11. Les deux monstres s'appellent Oscar et Marianne.
12. Les monstres visitent Paris pour travailler.
13. Comme tout le monde, les monstres adorent Paris.
14. L'année prochaine, les monstres vont aller à la montagne.

Communication

B. *A vous de parler !*

1. Faites une liste de tous les personnages de l'histoire. Ils sont combien ?
2. Décrivez chaque personnage avec quelques détails.
3. Faites une liste de toutes les stations mentionnées dans l'histoire. Dessinez la route des monstres.
4. Imaginez un monstre ou un animal fantastique. Décrivez-le.

C. *Un peu de théâtre !*

Présentez l'histoire comme une pièce de théâtre. Cherchez des volontaires pour jouer les différents rôles.

Aventures à l'Internet

Pour l'histoire des monstres dans le métro, voici deux sites intéressants :

1. *le plan du métro*
   http:// www.ratp.fr/

2. *des plans de Paris*
   http://www.icipartout.com/cartesetplans/planparis.htm

✤ ✤ ✤

Voilà la fin de l'histoire des monstres gigantesques du métro de Paris. Et voilà la fin des histoires. Merci de votre attention.

Le grand vocabulaire

The following list contains most words used in the text, including some forms of irregular verbs. For nouns, you will find the plural ending if it is irregular. For adjectives, the feminine form is given in full if there is a significant spelling difference. Some listings contain several words together where the meaning of each separate word might not help you understand the phrase, unless already listed in a marginal gloss.

One caution: words are slippery things ! We cannot give all the meanings of each word in all the ways it can be used. Instead, we have given the meaning appropriate to the way the word is used in this book

Abbreviations

(m.) masc.   *(f.)* fem.   *(pl.)* plural   *(m./f.)* masc. or fem.

à to, in, at
à peu près approximately
abominable abominable, horrible
absolument absolutely
accès *(m.)* access
acheter to buy
accord *(m.)* agreement, consent ; **d'accord** okay, agreed
(s')accroupir to squat, crouch
actif/active active
actuellement at the present time
(s')adapter to adapt
adorer to adore
aéroport *(m.)* airport
affaire *(f.)* matter, business, affair ; *(pl.)* belongings
affolé(e) panic-stricken
agent *(m.)* agent, policeman
agile agile, nimble
agréable nice, pleasant
aide *(f.)* help, assistance
aider to help
aïe ! ouch !
aigu/aigüe sharp, high-pitched
aimer to love, like
air *(m.)* air ; **d'un air/l'air fâché** seeming angry
ajouter to add
alerter to alert
allemand(e) German
Allemagne Germany
aller to go

allô hello (on telephone)
allumer to light, switch on
alors then, so
amener to bring, lead
amer/amère bitter
ami (*f.* **amie**) friend
amical(e) *(pl.* **-aux/-ales**) friendly
amusant(e) funny
amuse-gueule *(m.)* snack, appetizer
amuser to amuse ; **(bien) s'amuser** to have a good time
an *(m.)* year ; **avoir** *n* **ans** to be *n* years old
ancêtre *(m.)* ancestor
animal *(m.)* *(pl.* **animaux**) animal
année *(f.)* an entire year ; **année-lumière** a light-year (distance)
anniversaire *(m.)* birthday, anniversary
annonce *(f.)* announcement
annoncer to announce
annuel/annuelle annual
antenne *(f.)* antenna, feeler
antérieur(e) anterior, front
apparaître to appear, come into view
appareil *(m.)* apparatus, machine
apparition *(f.)* appearance, apparition
appel *(m.)* call ; **faire appel à** to call for
appeler (appelle) to call, name
applaudir to applaud, clap
apporter to bring
apprendre to learn, teach
approcher to approach ; **s'approcher** to come near

après after ; **d'après** according to
après-midi *(m.)* afternoon
arbre *(m.)* tree
archives *(f.pl.)* archives
arènes *(f.pl.)* arena
argent *(m.)* money, silver ; **en argent** made of silver
armes *(f.pl.)* weapons ; **armes à feu** firearms
armée *(f.)* army
arrêter to stop, to arrest ; **s'arrêter** to come to a stop
arrière back, rear ; **en arrière** backward ; **faire marche arrière** to put in reverse
arrivée *(f.)* arrival
arriver to arrive
assassiné(e) assasinated, killed
asseoir to seat ; **s'asseoir** to sit down (**asseyons** (we) sit down ; **assied** sits down)
assez enough, rather, quite
assiette *(f.)* plate
assis(e) seated
assurer to assure, secure
astrologique astrological
astronomique astronomical
attaque *(f.)* attack
attaquer to attack
attendre to wait for
attention *(f.)* attention ; **faire attention à** to pay attention to
attention ! watch out !
attentivement attentively
atterrir to land
attirer to attract, draw toward
attraper to catch
au *(pl.* **aux)** to/in/at the
au-dessus (de) above
au fait in fact
aujourd'hui today
au moins at least
au plus vite as quickly as possible
aussi also, too
automatique automated
autorité *(f.)* authority
autour (de) around ; **tout autour** all around
autre other
avance : en avance ahead
avancer to go ahead, put ahead
avant before

en avant forward
avantage *(m.)* advantage
avec with
aventure *(f.)* adventure
avertir to warn
avertisseur *(m.)* alarm
avion *(m.)* airplane ; **en avion** by plane
avoir to have ; **avoir** *n* **ans** to be *n* years old ; **avoir faim** to be hungry ; **avoir l'air** to seem ; **avoir peur** to be afraid **avoir raison** to be right

bain *(m.)* bath; **salle de bains** *(f.)* bathroom
baisser to lower
balcon *(m.)* balcony
balle *(f.)* bullet, ball
bande *(f.)* group, club, gang
banlieue *(f.)* suburb
banquette avant *(f.)* front seat (car)
barbe-à-papa *(f.)* cotton candy
bas/basse low ; **en bas** below, downstairs ; **tout bas** softly
les baskets *(m.pl.)* sneakers
bataille *(f.)* battle
bâtiment *(m.)* building
bâtonnet *(m.)* rod, stick, chopstick
beau, bel (*f.* **belle**) handsome, beautiful
beaucoup much, many, a lot
beau-frère *(m.)* brother-in-law
berger *(m.)* shepherd
berger allemand *(m.)* German shepherd (dog)
besoin *(m.)* need ; **avoir besoin de** to need
bestiole *(f.)* bug
bête *(f.)* beast, animal
bien well ; really, indeed
bientôt soon
bipède biped, on two legs
bise *(f.)* kiss
bizarre bizarre, strange
blanc/blanche white
blessé(e) wounded
bleu(e) blue
bloquer to block
bof ! so? whaddayaknow !
boire to drink (**boit** drinks)
bois *(m.)* wood (material) ; **de bois** wooden ; **les bois** woods, forest

bocal *(m.)* *(pl.* **bocaux**) jar
boîte *(f.)* box
bon/bonne good
bonbon *(m.)* candy
bond *(m.)* leap, bounce, jump
bonhomme *(m.)* fellow, guy
bord *(m.)* edge, border ; **au bord de** at the edge of
bouche *(f.)* mouth ; **bouche du métro** subway entrance
bouger to move, budge
boule *(f.)* large ball
boum *(f.)* party
bout *(m.)* end ; **au bout de** at the end of ; **au bout du monde** at the ends of the earth
bouteille *(f.)* bottle
bouton *(m.)* button
branche *(f.)* branch
branché(e) (à) plugged in, with it
bras *(m.)* arm
bravo hurray
brillant(e) shiny
briller to shine
bruit *(m.)* noise ; **bruit sec** cracking sound
brûler to burn
brun(e) brown, dark
bureau *(m.)* desk, office ; **bureau commercial** business section

ça it, that ; **ça va?** okay? ; **ça y est !** that's it !
çà et là here and there
cabane *(f.)* hut, cabin
cacher to hide
cadavre *(m.)* (dead) body, cadaver
cadeau *(m.)* *(pl.* **-aux**) gift
café *(m.)* coffee
cahier *(m.)* notebook
caisse *(f.)* crate, case
calmement calmly
calmer to calm
caméra *(f.)* video/movie camera
camion *(m.)* truck ; **camion des pompiers** fire truck
camp *(m.)* campsite
campagne *(f.)* country ; **à la campagne** out in the country
canon *(m.)* gun barrel
capable capable, able

capitale *(f.)* capital (city)
carnet *(m.)* (small) notebook
carte *(f.)* map
carton *(m.)* cardboard ; **en carton** made of cardboard
cartouche *(f.)* bullet, cartridge
cas *(m.)* case, affair ; **en tout cas** in any case
case *(f.)* square (chess board, etc.)
catastrophe *(f.)* catastrophe
cause *(f.)* reason, cause ; **à cause de** because of
causer to cause
ce, c' it/this ; **c'est** this is, it is ; **ce que, ce qui** that which, what
ceci this
célèbre famous
cent one hundred ; **cent pour cent** one hundred percent
centaine (de) *(f.)* about a hundred
centième hundredth
centimètre *(m.)* centimeter
centre *(m.)* center, headquarters
cercle *(m.)* circle
certain(e) (a) certain, sure
certainement surely, certainly
ces *(pl.)* these/those
cesser to cease
cet, cette this/that
chaise *(f.)* chair
chambre *(f.)* bedroom
champ *(m.)* field
chance *(f.)* luck ; **avoir de la chance** to be lucky
changé(e) changed, transformed
changer (de) to change
chant *(m.)* song
chaque each
charge *(f.)* charge, load, burden
charme *(m.)* charm, spell ; **jeter un charme** to cast a magic spell
chasse *(f.)* hunt(ing)
chat *(m.)* cat
chaud(e) hot
chauffage *(m.)* heating (system)
chauffeur *(m.)* driver
chaussure *(f.)* shoe
chef *(m.)* chief ; **chef de service** *(m.)* person in charge
cheminée *(f.)* chimney, fireplace

chemise *(f.)* shirt
cher/chère dear, expensive
chercher to look for, come by for
chercheur *(m.)* researcher
chéri(e) darling, sweetie
cheveux *(m.p.)* hair
chez at the house/place ; in the case of ;
  chez nous at our place
chic stylish
chien *(m.)* dog
choisir to choose (**choisissez**)
choix *(m.)* choice
choquant(e) shocking
chose *(f.)* thing ; **quelque chose** something
chouette neat, nifty, cool
ciel (*pl.* **cieux**) sky
cimetière *(m.)* cemetary
cinéma *(m.)* movie theater
cinq five
cinquante fifty
circulation *(f.)* traffic
civilisé(e) civilized
clair(e) bright, light, clear ; **clair de lune**
  (m.) moonlight
claquer to snap
classé(e) solved, settled
coassement *(m.)* croaking
cochon *(m.)* pig ; **cochon d'Inde** Guinea
  pig
coeur *(m.)* heart
(se) coiffer to fix one's hair
coiffure *(f.)* hair style
coin *(m.)* corner, angle ; **au coin de** near
col *(m.)* collar ; neck (of bottle)
colère *(f.)* anger ; **en colère** angrily
collectionner to collect
collègue *(m.)* colleague
collier *(m.)* necklace
coloniser to colonize
combat *(m.)* fight, struggle
combattre to fight
combien (de) how much/many
commandant *(m.)* commander
comme like, as, how
commencement *(m.)* beginning
commencer to begin
comment how ; what
commentaire *(m.)* commentary
commercial(e) commercial, business
commun(e) common, ordinary

communiquer to communicate
complet/complète complete, full
complet *(m.)* (man's) suit
composé(e) compound, compounded
comprendre to understand (**comprenez**)
compter to count
comptoir *(m.)* counter
conduire to drive, steer (**conduit**)
confiserie *(f.)* candy, confection
confortable comfortable
confrère *(m.)* colleague
confus(e) confused
connaître to know, be familiar with (**connais, connaissent**)
connu(e) (well) known
consécutif (-tive) consecutive
considérer to consider (**considère**)
consommer to consume
consternation *(f.)* dismay
consultation *(f.)* consultation
conte *(m.)* story, tale
contenir to contain (**contient**)
content(e) happy
contenu *(m.)* contents
continuer to continue
contourner to go around
contraire *(m.)* opposite
contre against
contrôler to check over, inspect
copain *(m.)* (*f.* **copine**) friend, buddy
copie *(f.)* copy
cordon *(m.)* cord
corne *(f.)* horn
corps *(m.)* body
correspondance *(f.)* interchange point
costume *(m.)* outfit, suit
côté *(m.)* side ; **à côté de** next to
cou *(m.)* neck
(se) coucher to lie down, set
coucher du soleil *(m.)* sunset
couloir *(m.)* hallway
coup *(m.)* blow, stroke, shot ; **d'un seul
  coup** in one shot ; **tout à coup** suddenly
coup d'œil *(m.)* a glance
couper to cut
courant current ; **au courant** up to date
coureur *(m.)* **des bois** trapper, woodsman
courir to run (**court, courez**)
court(e) short
cousin *(m.)* (**cousine** *f.*) cousin

couteau *(m.)* knife
coutume *(f.)* custom, habit
couvercle *(m.)* lid
couvert(e) (de) covered (with/in)
couvert *(m.)* place-setting ; **mettre le couvert** to set the table
crapaud *(m.)* toad
cravate *(f.)* tie
creuser to dig, hollow out
cri *(m.)* cry, shout
crier to shout
croire to believe (**croit, croyez**)
cuillère *(f.)* spoon
cuisine *(f.)* kitchen, cooking
curieux (-ieuse) curious
cylindre *(m.)* cylinder

d'abord first of all
d'accord agreed, okay
d'après according to
dame *(f.)* lady, woman
dangereux (-euse) dangerous
dans in
de of, from ; **de plus en plus** more and more
d'où from where
débarquement *(m.)* disembarkation
débile defective, dumb
debout standing
déchiré(e) torn apart, ripped
déchirer to tear apart, rip
décider (de) to decide (to)
décision *(f.)* decision
découverte *(f.)* discovery
découvrir to discover, uncover (**découvre**)
dedans inside
défunt(e) deceased (person)
degré *(m.)* degree (temperature)
déjà already
délicieux (-ieuse) delicious, delightful
demander to ask ; **se demander** to wonder
démarrer to start off (vehicle)
demi(e) half ; **et demie** half-past (the hour)
démodé(e) out of fashion
dent *(f.)* tooth
dépanneur *(m.)* grocer (in Québec)
départ *(m.)* departure
dépit *(m.)* spite, resentment ; **en dépit de** in spite of

se déplacer to get around
depuis since ; **depuis longtemps** for a long time now
déranger to disturb
dernier/dernière last
derrière behind
désagréable unpleasant
désastre *(m.)* disaster
descendre to go down, get off ; **descendre du train** to get off the train **descendre quelque chose** to take something down
désert *(m.)* desert
désirer to desire, want
désordre *(m.)* disorder
dessin *(m.)* drawing, sketch
dessiner to draw, sketch
détail *(m.)* detail
détecteur *(m.)* detector
détester to detest, hate
détruire to destroy (**détruit**)
deux two
deuxième second
devant in front of
devenir to become (**devient** becomes)
déviation *(f.)* detour
devoir (doit) to have to (should)
d'habitude usually
diable *(m.)* devil
dictionnaire *(m.)* dictionary
dieu *(m.)* god
différence *(f.)* difference
différent(e) different
difficile difficult
difficulté *(f.)* difficulty
dimanche Sunday
dinosaure *(m.)* dinosaur
directeur/directrice director
dire to say, tell (**dis, disent, dites**) ; **c'est-à-dire** that is to say
directement straight ahead
dirigeant *(m.)* the chief executive
diriger to direct, run, rule over
discrétion *(f.)* discretion, prudence
discuter to discuss
disparaître to disappear (**disparaissent**)
disparition *(f.)* disappearance
disparu(e) disappeared, missing
disposé(e) tending to
distant(e) distant
divisé(e) (en) divided (into)

dix ten
dizaine *(f.)* about ten
document *(m.)* document, official paper
documentation *(f.)* official papers
doigt *(m.)* finger
donc thus, therefore, then, so
donnée *(f.)* a piece of information ; **les données** data
donner to give
dormir to sleep (**dort**)
dos *(m.)* back ; **sac** *(m.)* **à dos** backpack
dossier *(m.)* file, case history
douane *(f.)* customs (at border)
douanier *(m.)* customs officer
doucement softly, quietly
doué(e) gifted, talented
doute *(m.)* doubt ; **sans doute** without doubt
doux/douce sweet, soft
dresser to set up, train
droit *(m.)* (civil) right
droit(e) right (hand) ; **à droite** to/on the right
drôle funny ; **drôle de** strange
durer to last, endure

échapper to escape
éclair *(m.)* lightning ; **solution-éclair** *(f.)* a "quick-fix"
éclater to burst ; **éclater de rire** to burst out laughing
école *(f.)* school
écouter to listen
écran *(m.)* screen
écrasé(e) crushed, smashed
écraser to crush, smash
écrire to write (**écrit, écrivez**)
effet *(m.)* effect
effort *(m.)* effort
effrayant(e) frightening
eh bien oh well
électricité *(f.)* electricity
élégant(e) elegant
elle she, it ; **elle-même** herself
emballage *(m.)* wrapping
embarquement *(m.)* embarkation, loading
embarquer to get on (plane, ship)
embarrasser to embarrass
embrasser to hug, kiss

émetteur *(m.)* a transmitter
émission *(f.)* program, broadcast
employé(e) employee
empreinte *(f.)* imprint, stamp
en in, while ; **en avance** early ; **en bas** down below, downstairs ; **en face de** across from ; **en marche** running (motor) ; **en même temps** at the same time ; **en retard** late ; **en route** on the way
enchantement *(m.)* (magic) spell
encore still, again ; **pas encore** not yet
endroit *(m.)* place, location
énergie *(f.)* energy
énerver to unnerve, irritate
enfant *(m./f.)* child
enfin at last, finally
engager to engage, throw (lock)
ennemi *(m.)* enemy
ennuyé(e) annoyed
ennuyeux (-euse) boring, dull
énorme enormous, huge
enragé(e) rabid, enraged
enregistrement *(m.)* recording
ensemble together
entendre to hear
enterrer to bury
enthousiasme *(m.)* enthusiasm
entre between
entrée *(f.)* entrance
entrer (dans) to enter
entretenu(e) maintained, kept up
environ about, around
envoyé(e) sent
envoyer to send (**envoie**)
épais/épaisse thick
épaule *(f.)* shoulder
épice *(f.)* spice
épicier *(m.)* grocer
équipe *(f.)* team
ère *(f.)* era
escalier *(m.)* stairway ;
espace *(m.)* space
espèce *(f.)* species
espérer to hope (**espère**)
essayer (de) to try (to) (**essaie**)
essentiel(le) essential, basic
est *(m.)* east
et and
étage *(m.)* floor, story, level ; **à l'étage** upstairs

été *(m.)* summer
étoile *(f.)* star
étonnant(e) astonishing
étrange strange, odd, foreign
être to be (**suis , est, êtes, sommes**)
être *(m.)* a being
européen(ne) European
eux they, them
eux-mêmes (by) themselves
événement *(m.)* an event
évidemment evidently, obviously
évident(e) evident, obvious
exact(e) exact, precise
exactement exactly, precisely
examiner to examine
(s') exclamer to shout out, exclaim
excuser to excuse
exécuter to execute, carry out
exemple *(m.)* example ; **par exemple** for
  example
exister to exist
expérience *(f.)* experiment
explication *(f.)* explanation
expliquer to explain
explorateur *(m.)* explorer
explorer to explore
explosif *(m.)* an explosive
explosion *(f.)* explosion
exprès on purpose
extraordinaire extraordinary
extraterrestre *(m.)* alien (from space)
exulter to rejoice

fâché(e) angry
facile easy
facilement easily
faible weak
faiblement weakly
faim *(f.)* hunger
faire to make, to do (**fait**) ; **faire appel à** to
  call ; **faire la chasse** to go hunting ; **faire
  un pas** to take a step ; **faire mal à** to
  hurt ; **faire marche arrière** to reverse
fait *(m.)* fact, deed, act ; **au fait** in fact ;
  tout à fait completely
fameux (-euse) notorious
famille *(f.)* family
fantaisie *(f.)* fantasy, imagination
fantastique fantastic, make-believe

fascinant(e) fascinating
fatigué(e) tired
faut : il faut one must
faute *(f.)* fault, mistake, error
fauteuil *(m.)* armchair
faux/fausse false
femme *(f.)* woman, wife
fenêtre *(f.)* window
ferme firmly
fermé(e) closed
fermer to close
féroce ferocious
fête *(f.)* holiday, festival
fêter to celebrate
feu *(m.)* *(pl.* **feux**) fire, traffic light
figure *(f.)* face
fille *(f.)* girl, daughter
film *(m.)* film, movie
fils *(m.)* son
fin *(f.)* end
fini(e) over, finished
fixement fixedly
fleuve *(m.)* river (flowing directly into the
  sea)
fois *(f.)* time, occasion
fonctionnaire *(m.)* bureaucrat
fonctionnement *(m.)* functioning
fonctionner to function, work
fond *(m.)* bottom, back, far end ; **au fond
  de** at the bottom/deep in
fondre to melt
force *(f.)* force, strength ; **force mobile**
  mobile police units
forcément necessarily, inevitably
forêt *(f.)* forest
forme *(f.)* form, shape
formel(le) explicit, strict, formal
formidable formidable, tremendous
fort(e) strong
fort very, really
fou/folle crazy, mad, insane
fougère *(f.)* fern
foule *(f.)* crowd, mob
fourrure *(f.)* fur
français(e) French
franchement frankly, sincerely
francophone French-speaking
frapper to hit, knock
frénétique frenzied
frigo *(m.)* refrigerator

frisé(e) curly (hair)
frisson *(m.)* shiver, shudder
froid(e) cold
froideur *(f.)* coldness
front *(m.)* forehead
frontière *(f.)* border, frontier
fruit *(m.)* fruit
fumée *(f.)* smoke
fureur*(f.)* fury
fusil *(m.)* gun, rifle

garçon *(m.)* boy
garder to keep
gare *(f.)* train station
gâteau *(m.)* cake
gauche left (-hand side) ; **à gauche** on the left
gazon *(m.)* grass, lawn
geler : **ça gèle !** it's freezing !
géant *(m.)* giant
général(e) general ; **en général** generally
genou(x) *(m.)* knee ; **à genoux** kneeling
gens *(m.p.)* people, folks
gentil(le) nice, kind
gentiment nicely, gracefully
geste *(m.)* gesture
gigantesque huge, gigantic
gorille *(m.)* gorilla
goût *(m.)* taste, flavor
gouvernement *(m.)* government
grand(e) big, tall
grandir to grow bigger
grand-père *(m.)* grandfather
grave serious
grenade *(f.)* grenade
grenouille *(f.)* frog
grève *(f.)* workers' strike
griffe *(f.)* claw
grincement*(m.)* creaking
grogner to grunt, growl, groan
grondement *(m.)* growling, rumbling
gros/grosse big, heavy, bulky
grossir get bigger
gueule *(f.)* mouth (of an animal)
guidé(e) guided, assisted

If the word begins with H aspiré, an asterisk (*) follows it.

habitant *(m.)* inhabitant
habitation *(f.)* a dwelling
habiter to live (somewhere), inhabit
habitude*(f.)* a habit, custom ; **d'habitude** usually
hall* *(m.)* hall, lobby
haut(e)* high ; *x measure* **de haut** x high ; **en haut** up, upstairs, at the top
hé !* hey !
hein* eh, what?
hélas alas
herbe *(f.)* grass, herb ; **herbe-aux-chats** catnip
herbivore herbivore, plant-eater
hésitant hesitating
hésiter to hesitate
heure *(f.)* hour ; **heure de pointe** rush hour ; **sept heures du soir** seven in the evening
heureux (-euse) happy
hibou* *(m.)* *(pl.* **hiboux**) owl
histoire *(f.)* story
hiver *(m.)* winter
homme *(m.)* man ; **jeune homme** young fellow
horloge *(f.)* clock
horreur *(f.)* horror
horrible horrible
hôtel *(m.)* **de ville** city hall
huit* eight
humain(e) human
humanité *(f.)* humankind
humeur *(f.)* mood ; **de bonne humeur** in a good mood
humide humid
hurlement* *(m.)* howling
hurler* to howl
hydravion *(m.)* hydroplane, seaplane

ici here
idée *(f.)* idea
idiot(e) dumb, stupid, idiotic
ignorant(e) unaware, ignorant
iguane *(m.)* iguana (lizard)
il he, it
illuminé(e) lit up
illuminer to light, illuminate
ils they
il y a there is, there are

image *(f.)* image, picture
imaginer to imagine
immensité *(f.)* hugeness
immobilisé(e) immobilized
imperturbable unflappable
important(e) important, sizeable
n'importe quel(le) whichever ; **peu importe !** it doesn't matter !
impressionner to impress
imprévu(e) unforeseen
incendie *(f.)* a fire, conflagration
inconvénient *(m.)* disadvantage, drawback
incroyable unbelievable
indice *(m.)* clue
indigène *(m.)* native inhabitant
indiquer to indicate ; **indiquer de la main** to point out
indistinctement indistinctly
influence *(f.)* influence
inhabité(e) uninhabited
innocent(e) innocent
inoffensif (-ive) harmless
inquiet/inquiète worried, uneasy
inscrire to inscribe
insecte *(m.)* insect
insolite bizarre, unusual
inspecteur *(m.)* inspector (police)
(s')installer to set oneself up
instant *(m.)* instant
insulter to insult
intelligent(e) intelligent, smart
intéressant(e) interesting
intéresser to interest
intérêt *(m.)* interest
intérieur(e) inner, interior ; **à l'intérieur** inside
interrompre to interrupt
inutile useless, fruitless
isolé(e) isolated
irrité(e) irritated
ivoire *(m.)* ivory

jamais never, ever
jambe *(f.)* leg ; **à toutes jambes** as fast as possible
jardin *(m.)* garden
jaune yellow
je/j' I
jeter (jette) to throw ; **jeter un coup d'œil**

sur to glance at
jeune young
jeune fille/jeune homme young lady/man
joli(e) pretty
jour *(m.)* day ; **tous les jours** every day
journal *(m.)* newspaper
journaliste *(m./f.)* journalist
journée *(f.)* a whole day
juger to judge
juin June
jurassique Jurassic
jusqu'ici up to this point
juste just

kilomètre *(m.)* kilometer
klaxon *(m.)* (car) horn

la/l' the
là there ; **là-bas** over there
laid(e) ugly
laisser to leave, permit
lancer to throw
large wide
lavabo *(m.)* lavatory sink
le/l' the
légende *(f.)* legend
léger/légère light(-weight)
lentement slowly
lentille *(f.)* lense
les the
lettre *(f.)* letter
leur their, (to) them
lever (lève) to raise, lift
lever *(m.)* **du soleil** sunrise
lézard *(m.)* lizard
liberté *(f.)* freedom
lieu *(m.)* place
ligne *(f.)* line
lire to read (**lit** reads)
lit *(m.)* bed
livre *(m.)* book
localité *(f.)* locality, town, village
loin far (off)
long/longue long ; **de long en large** back and forth
longtemps a long time ; **depuis longtemps** for a long time
loup *(m.)* wolf

loup-garou *(m.)* werewolf
lourd(e) heavy
lourdement heavily, clumsily
louveteau *(m.)* wolf cub
lui (to) her, him, it ; **lui-même** himself
lumière *(f.)* light
lundi Monday
lune *(f.)* moon ; **clair de lune** moonlight ;
  pleine lune full moon
lutter (contre) to struggle (against)

ma my
machinalement automatically
magique magical
magnifique magnificent
mai May
main *(f.)* hand ; **à la main** in hand
maintenant now
mais but
maison *(f.)* house
mal *(m.)* hurt, pain ; **faire mal à** to hurt
maladresse *(f.)* awkwardness ;
maladroit(e) clumsy
malheur *(m.)* misfortune, unhappiness
malheureux (-euse) unhappy
maman Mom
mangé(e) eaten
manger to eat
manière *(f.)* manner, way
manteau *(m.)* coat ; **manteau de pluie**
  raincoat
marchand *(m.)* merchant
marchandise *(f.)* merchandise
marche *(f.)* step, mouvement ; **mettre en**
  marche to start up ; **faire marche arrière**
  to put in reverse
marcher to walk, to run (machines)
mardi Tuesday
marquer to mark, indicate
mari *(m.)* husband
masse *(f.)* mass
maths *(f. pl.)* mathematics
matière *(f.)* matter, material
matin *(m.)* morning ; **tous les matins**
  every morning
mauvais(e) bad
me/m' me
mécanicien *(m.)* mechanic, engineer

mécanique mechanical
mécontent(e) displeased
médaille *(f.)* medal
médecin *(m.)* doctor, physician
médecine *(f.)* medicine
membre *(m.)* limb, member
même same ; **en même temps** at the same
  time
menaçant(e) menacing, threatening
mener (mène) to lead
mentionner to mention
mer *(f.)* sea
merci (bien) thank you, thanks (a lot),
merveilleux (-euse) marvellous, wonderful
mes my
Mesdames ladies
Messieurs gentlemen
message *(m.)* message
métal *(m.)* metal ; **en métal** made out of
  metal
mètre *(m.)* meter
Métro *(m.)* subway system
mettre (met, mets) to put
meuble *(m.)* piece of furniture ; **meubles**
  furniture
micro(phone) *(m.)* microphone
midi noon
mieux better ; **tant mieux** so much the
  better
militaire *(m.)* soldier
mille (one) thousand
milliers thousands
minuit midnight
minute *(f.)* minute
miroir *(m.)* mirror
mobile mobile ; **téléphone mobile** cellular
  telephone ; **police mobile** rapid response
  force
mode *(f.)* fashion
moderne modern
moi me, as for me
moins less ; **au moins** at least ; **huit**
  heures moins dix ten of eight
mois *(m.)* month
moitié *(f.)* half ; **à moitié mangé** half-eaten
moment *(m.)* moment ; **à ce moment** just
  then
monde *(m.)* world ; **tout le monde** everybody

monstre monster
monter to go up, take up ; **monter dans la voiture** to get into the car ; **monter quelque chose** to bring something up
montre *(f.)* wristwatch
montrer to show
monument *(m.)* tourist attraction
mort *(f.)* death
mort(e) dead
mortel(le) mortal
mot *(m.)* word
mourir (meurt) to die
mousse *(f.)* foam
mouton *(m.)* sheep
mouvement *(m.)* movement, motion
moyen *(m.)* means, method
moyen(ne) medium, average ; **de taille moyenne** of average height
mugissement *(m.)* roar
mur *(m.)* wall
murmurant murmuring
murmurer to murmur
museau *(m.)* snout (of an animal)
musée *(m.)* museum
myrtille *(f.)* blueberry
mystérieux (-ieuse) mysterious

national(e) national
naturellement of course, naturally
ne/n'...plus no more
nécessaire necessary
n'est-ce pas? right?
neuf nine
neveu(x) *(m.)* nephew
ni neither, nor
nièce *(f.)* niece
nocturne nocturnal, nightly
noir(e) black
nom *(m.)* name
nombre *(m.)* number
noisette *(f.)* hazel, hazelnut
non no
non plus neither
nord *(m.)* north
normal(e) normal, regular
nos our
notre our
nous we, us

nouveau/nouvelle new
nouvelles *(f. pl.)* news
nuit *(f.)* night
nul/nulle no, none, zéro ; **nulle part** nowhere
numérique digital
numéro *(m.)* numeral

objectif *(m.)* objective, target
objet *(m.)* object
obligatoire obligatory, required
obligé(e) obliged, compelled
obscur(e) obscure, dark
obscurité *(f.)* darkness
occasion *(f.)* occasion, opportunity
occupé(e) busy, occupied
odeur *(f.)* odor, scent
œil *(m.)* *(pl.* **yeux***)* eye
office *(m.)* office, service ; **office du tourisme** tourist board
officiel(le) official
officier *(m.)* officer
offrir (offre) to offer
oh, là, là oh, wow!
oiseau(x) *(m.)* bird
ombre *(f.)* shadow
on one, people, they
oncle *(m.)* uncle
ont (avoir) (they) have
opaque opaque
opéra *(m.)* opera
opération *(f.)* operation ; **centre** *(m.)* **d'opérations** headquarters
opposé(e) opposite
orange orange (color)
ordinaire ordinary
ordinateur *(m.)* computer
ordre *(m.)* order
oreille *(f.)* ear
ou or
où where ; **d'où** from where
ouaouaron *(m.)* bullfrog (Canada)
oublier to forget
ouest *(m.)* west
oui yes
ouvert(e) opened
ouverture *(f.)* opening
ouvrir (ouvre) to open

pain *(m.)* bread
palmier *(m.)* palm tree
panne *(f.)* breakdown
panne d'électricité *(f.)* blackout
pantalon *(m.)* pants
papa Dad
papier *(m.)* paper ; **papier d'emballage** wrapping paper ; **papiers** *(pl.)* documents
paquet *(m.)* package
par by, through
paraître to appear ; **paraît-il** it seems
parc *(m.)* park
parce que because
parcours *(m.)* trip, route
pardon ! excuse me !
parent *(m.)* parent, relative
parfait(e) perfect
parfaitement perfectly
parisien (ne) Parisian
parler to speak
parole *(f.)* word, speech ; **ma parole** ! my word !
part *(f.)* part, share ; **nulle part** nowhere ; **quelque part** somewhere
partie *(f.)* part
partir (part, parti) to leave
partout everywhere
pas *(m.)* pace, step ; **faire quelques pas** to take a few steps
pas not ; **pas du tout** not at all ; **pas encore** not yet
passage *(m.)* passage, crossing
passager (-ère) passenger
passant *(m.)* passer-by
passer to pass, spend time
passion *(f.)* passion, excitement
patte *(f.)* paw
pauvre poor
pays *(m.)* country
peau(x) *(f.)* skin, pelt, hide
pendant while, during ; **pendant ce temps** meanwhile
pensée *(f.)* thought
penser to think
perdre to lose
perdu(e) lost
période *(f.)* period, lapse of time
permis permitted
perplexe confused
père *(m.)* father

permission *(f.)* permission
personnage *(m.)* character
personne *(f.)* person ; **personne...ne** nobody
petit(e) little
peu few, a little bit ; **à peu près** approximately ; **peu de temps** a short time ; **un peu** a little
peur *(f.)* fear ; **avoir peur** to be afraid
peut, peuvent, peux (pouvoir) can, may ; **je peux?** do you mind?
peut-être maybe
photo *(f.)* photograph
photocopie *(f.)* photocopy
physique *(f.)* physics
pièce *(f.)* room ; **pièce de théâtre** play
pied *(m.)* foot ; **à pied** on foot, walking
piège *(m.)* trap ; **prendre au piège** to catch in a trap
pierre *(f.)* stone
pile *(f.)* battery
pilote *(m.)* pilot
pique-nique *(m.)* a picnic
place *(f.)* place
plafond *(m.)* ceiling
plaisir *(m.)* pleasure
plaît ; **s'il vous plaît** please
plan *(m.)* plan, map
plancher *(m.)* floor
planète *(f.)* planet
plante *(f.)* plant
plaque *(f.)* plaque
plastique plastic
plat(e) flat
plein(e) full
pleurer to cry
(il) pleut (pleuvoir) it's raining
pluie *(f.)* rain
plupart *(f.)* majority, most
plus plus (+) (in addition)
plus (de) more ; **plus de deux** more than two ; **le plus** the most
plusieurs several
plutôt rather
poche *(f.)* pocket
point *(m.)* dot ; **point de vue** *(m.)* viewpoint
pointe *(f.)* point ; **heure de pointe** rush hour
pointu(e) pointed

pois *(m.)* pea ; **soupe aux pois** pea soup
policier *(m.)* police officer
poliment politely
politesse *(f.)* politeness
pompier *(m.)* firefighter
pont *(m.)* bridge
port *(m.)* harbor
portable *(m.)* cell phone
portatif (-ive) portable
porte *(f.)* door
porte-fenêtre *(f.)* French doors
porter to carry ; to wear
poser to place ; **poser des questions** to ask
  questions
possibilité *(f.)* possibility
poste *(m.)* post, position ; **poste de radio**
  radio set
pouah ! yuck !
poudre *(f.)* powder
poupée *(f.)* doll
pour for, in order to
pourquoi why
pousser to push ; **pousser des cris** to
  shout out
pouvoir to be able, can
pratique practical
précédent(e) preceding
précipité(e) hasty
précis(e) precise, exact
précisément exactly, precisely
prédateur *(m.)* predator
préférence *(f.)* preference
préférer (préfère) to prefer
premier (-ière) first
prendre to take **(prend, prennent)**
préparé(e) prepared, ready
préparer to prepare ; **se préparer à** to get
  ready for
près near ; **de près** close-by ; **près de** near ;
  tout près really close
présenter to present, introduce
presque almost
prêt(e) ready
preuve *(f.)* proof
prévu(e) anticipated, planned
principal(e) main, chief
problème *(m.)* problem
prochain(e) next
proche nearby
procurer to procure, get

profond(e) deep ; **peu profond(e)** shallow
profondément deeply
profondeur *(f.)* depth
progrès *(m.)* progress
projet *(m.)* project, plans
propre clean
protester to protest
provenance *(f.)* origin ; **en provenance de**
  arriving from
puer to stink
puis then, afterward ; **et puis?** and so
puissance *(f.)* power (in math : **à la puissance** *n* - "to the *n*th power")

quadrillé(e) cut into squares ; **papier
  quadrillé** graph paper
quai *(m.)* dock, platform
quand when
quant à... as for...
quart one-quarter ; **moins le quart** a quar-
  ter to (the hour)
quatre four
que/qu' what, that, which ; **aussi... que**
  as. . .as ; **moins... que** less. . .than ; **plus...
  que** more. . .than
québécois(e) Quebecker
quel/quelle what, which (one/ones)
quelque(s) some ; **quelque chose** something ; **quelque part** somewhere
quelquefois sometimes
quelqu'un someone
qu'est-ce que what?
qu'est-ce qui who?, what?
queue *(f.)* tail
qui who, which
quoi what

race *(f.)* breed (of dog)
raison *(f.)* reason ; **avoir raison** to be right
rame *(f.)* (subway) train
ranger to organize, arrange
rapide quick, rapid
rapidement quickly
rapport *(m.)* report
rapporter to report
raquette *(f.)* **(de tennis)** tennis racket
se rasseoir to sit down again
rattacher to connect

rattraper to recapture
réaction *(f.)* reaction
recevoir to receive
recherche *(f.)* research
rechercher to look for
récipient *(m.)* container
recevoir (reçoit) to receive
recommencer to begin again
reconnaissance *(f.)* gratitude, recognition
rédaction *(f.)* editorial, writing
redescendre to come back down
refaire to do again, try over
refuser to refuse
regagner to regain, get back to
regarder to look (at) ; **regarder fixement**
  to stare
région *(f.)* region
remarquer to notice
remercier to thank
remonter to go back up
remplacer to replace
remplir to fill
rendez-vous *(m.)* a meeting
rendre to give back ; **rendre visite à** to pay
  a visit to
rentrer to return home, come back
répéter (répète) to repeat
reportage *(m.)* reporting
reporter *(m.)* reporter
répondre to answer
réponse *(f.)* answer
reprendre to take back
républicain(e) of the republic
réputation *(f.)* reputation
résister to resist
responsabilité *(f.)* responsibility
ressembler to resemble
reste *(m.)* remainder
rester to stay, remain
résultat *(m.)* result
résurrection *(f.)* resurrection
retard *(m.)* delay ; **être en retard** to be late
retarder to delay
retour *(m.)* return ; **à mon retour** when I
  get back ; **de retour** having returned
retourner to turn, return
retrouver to find again
revenir (reviens) to come back
rêver to dream
revoir to see again ; **au revoir** goodbye

revolver *(m.)* revolver, gun
rez-de-chaussée *(m.)* ground floor
riche rich
ridicule ridiculous
rien nothing
rire (rit, rient) to laugh
rivière *(f.)* river (flowing into another river)
robuste robust, solid
rocher *(m.)* rock
rôle *(m.)* role (in a play)
romain(e) Roman
rond(e) round
rouge red
roulant rolling ; **escalier roulant** escalator
roulé rolled up
rouler to roll
route *(f.)* route ; **en route** on the way
routine *(f.)* routine
ruban *(m.)* ribbon
rue *(f.)* street
ruines *(f. pl.)* ruins
rumeur *(f.)* rumor

sa *(f.)* his, her, its
sac à dos *(m.)* knapsack, backpack
sac de couchage *(m.)* sleeping bag
sais, sait (savoir) to know
saisir to seize, grab
sale dirty
salle à manger *(f.)* dining room
samedi Saturday
sans without
saucisse *(f.)* sausage
sauter to jump, leap
sauvage wild
sauver to save
savant *(m.)* scientist, scholar
savoir (sais, savent) to know
scarabée *(m.)* beetle
scène *(f.)* scene, stage
scientifique *(m./f.)* scientist
se/s' himself, herself
sec/sèche dry
bruit sec *(m.)* a cracking sound
seconde *(f.)* second
secouer to shake
secours *(m.)* rescue ; **au secours !** help !
sécurité *(f.)* security
séisme *(m.)* earthquake

seize sixteen

séjour *(m.)* stay, visit ; **salle** *(f.)* **de séjour** living room

semaine *(f.)* week

sembler to seem

sentier *(m.)* path

sentir to sense, feel, smell (**sens, sentent**)

sept seven

sérieux (-ieuse) serious

serrer to squeeze, hug ; **serrer la main** to shake hands

service *(m.)* service ; **chef de service** person in charge ; **escalier de service** maintenance stairway

ses *(pl.)* his, her, its

seul(e) alone ; **d'un seul coup** with one swipe

seulement only

si ! oh yes

si if, whether, so ; **s'il vous plaît** please

siècle *(m.)* century

sifflement *(m.)* whistling

signe *(m.)* sign ; **faire signe à** to motion to

silencieux/silencieuse silent

silencieusement silently

simple simple, plain

sirène *(f.)* siren

situer to locate

sœur *(f.)* sister

soir *(m.)* evening

soixante-dix seventy

sol ground

soldat *(m.)* soldier

soleil *(m.)* sun

solution *(f.)* solution ; **solution-éclair** quick fix

sombre dark, shadowy

somme *(f.)* amount, sum

sommes, sont (être) are

son *(m.)* sound

son his, her, its

sonner to ring

sorcière *(f.)* witch

sorte *(f.)* kind, type ; **toute sorte** all kinds

sortie *(f.)* exit

sortir to go out, exit (**sors, sortent**)

soudain suddenly

souffrir to suffer (**souffre**)

soupe *(f.)* soup

souper *(m.)* dinner, evening meal

souris *(f.)* mouse

sourire to smile

sous under

souvent often

spatio-temporel(le) space-time

spécialiste *(m.)* specialist

spécimen *(m.)* specimen, sample

spectaculaire spectacular

spot *(m.)* spotlight

station *(f.)* station

stationné(e) parked

stupéfait(e) dumbfounded, amazed

stylo *(m.)* pen

succès *(m.)* success

sucre *(m.)* sugar

sucré(e) with sugar

sud *(m.)* south

suggérer to suggest (**suggère**)

suis (être) am

suit (suivre) follows

suite *(f.)* continuation

tout de suite immediately

suivre to follow

suivant(e) following, next

sujet *(m.)* subject

supplémentaire extra, additional

supporter to tolerate, put up with

sur on

sûr(e) sure, certain

sûrement surely, certainly

sûreté *(f.)* safety, security

surpris(e) surprised

surtout especially

susceptible sensitive, touchy ; **susceptible de** susceptible to

système *(m.)* system ; **système de chauffage** heating system

ta your

table *(f.)* table

tache *(f.)* spot, stain

taille *(f.)* size ; **de taille moyenne** of average size

tais-toi ! shut up !

talkie-walkie *(m.)* walkie-talkie

tampon *(m.)* rubber stamp

tamponner to stamp

tant (de) so much/many (of)

tante *(f.)* aunt

tapis *(m.)* rug, carpet ; **tapis roulant** moving sidewalk, conveyor belt
tard late ; **plus tard** later
te you
teckel *(m.)* dachshund (dog)
tee-shirt *(m.)* T-shirt
télécommandé(e) remote-controlled
télégramme *(m.)* telegram
téléphone *(m.)* **cellulaire, mobile, portable** cellular phone
téléphoner à to call on the phone
téléspectateur *(m.)* television viewer
tellement (de) so (much/many)
temporel(le) relative to time
temps *(m.)* time ; **en même temps** at the same time ; **pendant ce temps** meanwhile ; **de mon temps** in my day
temps *(m.)* weather
tendance *(f.)* tendency
tendre tender, soft
tenir to hold
tentacule *(m.)* tentacle
tente *(f.)* tent
terminer to finish
terre *(f.)* earth, dirt ; **par terre** on the ground
terreur *(f.)* terror
terrible terrible
terrifié(e) terrified
territoire *(m.)* territory
tes your
tête *(f.)* head ; **à tue-tête** at the top of one's voice
tient (tenir) holds
timide timid, shy
tintement *(m.)* ringing
tirer to pull, shoot ; **tirer (sur)** to shoot (at)
tiret *(m.)* blank
toi you
toilette *(f.)* getting ready ; **faire sa toilette** to get ready
toit *(m.)* roof
tolérer (tolère) to tolerate
tombé(e) fallen
tomber to fall
ton your
tonne *(f.)* ton
tonneau(x) *(m.)* barrel, roll-over
tonnerre *(m.)* thunder ; **tonnerre de chien** ! darn !

tôt early ; **plus tôt** earlier
toucher to hit (a target)
toujours always, still
tour *(f.)* tower
tour *(m.)* tour, trick, turn ; **à son tour** in (one's) turn ; **faire des tours** to do tricks
tourisme *(m.)* tourism, sightseeing
touristique touristy
tourner to turn
tous all, everybody ; **tous les...** every. . .
tout all, everything ; **en tout cas** in any case ; **pas du tout** not at all ; **tout à fait** completely ; **tout le monde** everybody ; **tout petit** teeny ; **tout près** nearby
toute *(f.)* all, every ; **à toute vitesse** at top speed ; **toute une armée de** a whole army of
toutes *(f.p.)* all, every ; **à toutes jambes** as fast as possible ; **toutes les...** every . . .
trace *(f.)* track, trail, footprint ; **traces de loup** wolfprints
traditionnel(le) traditional
train *(m.)* train ; **train de nuit** night train
traitement *(m.)* treatment (medical)
tranquille calm, tranquil
transfert transfer, transference
(se) transformer to change (oneself)
transformation *(f.)* complete makeover
transparent(e) see-through
transport(s) *(m.)* transportation
travail *(m.)* work
travailler to work
traverser to cross ; **à travers** across, through
treize thirteen
tremblant(e) trembling
tremblement *(m.)* trembling
trembler to tremble
trente thirty
très very ; **très peu** very little, very few ; **très peu de temps** very little time
triple triple ; **des piles triple-A** AAA batteries
triste sad
trois three
troisième third
trop too, too much/many ; **trop loin** too far
tropical(e) tropical
trottoir *(m.)* sidewalk
troubler to trouble, bother

trouver to find ; **se trouver** to be located
tu you
tuer to kill ; **à tue-tête** at the top of one's voice
tunnel *(m.)* tunnel
turbulent(e) turbulent
type*(m.)* kind, sort ; folk

ululement *(m.)* hooting (of an owl)
uniforme *(m.)* uniform
union *(f.)* union
unité *(f.)* unit
urbain(e) urban
user to use up
utile useful

va, vais (aller) go(es)
vacances *(f. pl.)* vacation ; **les grandes vacances** summer vacation
varié(e) varied, various
variété *(f.)* variety
vaste vast
vaut (valoir) is worth ; **vaut mieux que** is better than
venir (de) to come (from) / to have just . . .
ver *(m.)* worm
vérifier to verify, make sure
vérité *(f.)* truth
verre *(m.)* glass ; **en verre** made of glass
verrou *(m.)* bolt ; **verrou de sûreté** deadbolt lock
vers toward
vert(e) green
veste *(f.)* suit coat, sport coat
vêtement *(m.)* clothing
veut (vouloir) wants ; **que veut dire...** what does...mean? ; **veux-tu?** do you mind?
victime *(f.)* victim
vide empty
vie *(f.)* life
vient (venir) comes
vieux/vieil/vieille old
vif/vive lively, bright (color)
villageois *(m.p.)* townfolk
ville *(f.)* city
vin *(m.)* wine
vinaigre *(m.)* vinegar

vingt twenty
vingt-cinq twenty-five
vingt-et-unième twenty-first
violet/violette light purple
virgule *(f.)* comma ; decimal mark
visage *(m.)* face
viser to aim
visite *(f.)* visit ; **rendre visite à** to pay a visit to
vite quickly
vitesse *(f.)* speed ; **à toute vitesse** at top speed
vivant(e) alive
vivre to live
vivres *(m.p.)* provisions, foodstuffs
voici here is/here are
voilà there is/there are
voir, vois to see
voisin/voisine neighbor
voiture *(f.)* car, vehicle
voix *(f.)* voice
vol *(m.)* flight
voler to fly
volontaire *(m./f.)* volunteer
volt *(m.)* volt (electricity)
vos your
votre your
vouloir to want to
vous you
voyage *(m.)* voyage, trip
voyager to travel
voyageur *(m.)* traveller
voyons (voir) see
vrai(e) true
vraisemblable realistic, true to life
vue *(f.)* view

walkman *(m.)* a walkman
week-end *(m.)* weekend

y there
yeux *(m.pl)* eyes

zigzaguant(e) unsteady, zigzagging
zone *(f.)* zone, area
zut ! rats !